Le Trajet d'un Fusilier
(1940-1945)

Le Trajet d'un Fusilier (1940-1945)

Première Édition
Août 2012

Michael John Laekas

Droit d'auteur © 2012 par Michael John Laekas
Publié par Gervais-Laekas

Tous droits réservés. Aucune partie de ce livre ne peut être reproduite, stockée dans un système d'extraction ou transmise dans quelque forme ou quelque moyen que ce soit, électronique, mécanique, photocopie, enregistrement ou autrement, sans la permission écrite préalable de l'auteur. L'auteur du livre conserve le seul droit d'auteur de ce livre. Toutes les requêtes liées aux droits de film cinématographique ou autres droits dramatiques pour ce livre doivent être adressées à l'auteur. Les représentations quant à la cession de ces droits sont strictement interdites sans le consentement écrit préalable et seront poursuivies avec vigueur et avec toute la rigueur de la loi.

Première publication sous le nom de *A Soldier's Journey (1940-1945)*
Traduit par Les Communications MotMentum

ISBN 978-0-9879721-0-1

Catalogage avant publication de Bibliothèque et Archives Canada

Laekas, Michael John, 1943-
    Le trajet d'un fusilier (1940-1945) / Michael John Laekas.

Traduction de: A soldier's journey (1940-1945)
Comprend des réf. bibliogr.
ISBN 978-0-9865703-8-4 (relié).--ISBN 978-0-9879721-0-1 (broché)

    1. Laekas, Jean-Pierre. 2. Canada. Armée canadienne. Fusiliers Mont-Royal--Biographies. 3. Guerre mondiale, 1939-1945--Canada--Biographies. 4. Soldats--Canada--Biographies. I. Titre.

D811.L322514 2012   940.54'8171   C2012-901691-8

Révisé et illustré par Johanne Gervais
Design de la couverture par Johanne Gervais

www.gervais-laekas.com pour commander

Avertissement

L'ensemble des personnes et des événements contenus dans cette histoire sont vrais. Le dialogue est écrit selon le souvenir des anciens combattants du raid de Dieppe, excepté dans les situations lors desquelles leurs souvenirs ont fait défaut ou qu'ils n'étaient pas présents, auquel cas j'ai utilisé une licence artistique pour trouver les mots appropriés.

Préface

Cette histoire honore les jeunes Canadiens français qui, en tant que fiers membres des Fusiliers Mont-Royal, ont pris part au malheureux raid sur Dieppe, en France, le 19 août 1942.

L'idée d'écrire ce livre m'est venue après un voyage de 47 jours que j'ai fait en 2011 pour suivre le périple de mon père pendant la Deuxième Guerre mondiale, de son enrôlement en 1940 à son rapatriement en 1945.

Pour le 70e anniversaire du raid de Dieppe, j'ai ressenti le devoir de documenter les sacrifices de ces jeunes hommes dans cette commémoration sincère et humble.

Michael John Laekas

Chapitre 1
Montréal, Québec
Mars 1940 à mai 1940

Les effets de la Grande Dépression ne semblaient pas vouloir s'estomper. Les industries et les entreprises montréalaises éprouvaient des difficultés et le nombre de personnes à la recherche d'un emploi dépassait largement le nombre d'emplois disponibles. Une nouvelle guerre en Europe contribuait à l'avenir incertain auquel faisait face Jean-Pierre Laekas âgé de 20 ans. Jean-Pierre vivait avec ses parents et ses trois sœurs dans l'est de Montréal. Après avoir quitté l'école, il a été apprenti au garage de son oncle, mais Jean-Pierre croyait qu'un destin plus glorieux l'attendait. L'appel aux volontaires de l'Armée lui donnait l'occasion de fuir un quartier en déclin et d'entreprendre une aventure rémunérée.

Le 28 mars 1940, Jean-Pierre se présenta au centre d'enrôlement pour Les Fusiliers Mont-Royal, un éminent régiment au sein de la deuxième division canadienne et l'une des rares unités francophones de l'Armée canadienne. Force composée uniquement de volontaires, le régiment avait établi des normes élevées pour les nouvelles recrues. Il n'acceptait que les hommes célibataires âgés de 18 à 45 ans mesurant un minimum de cinq pieds six pouces, sans déficience physique ni malaise chronique.

Après l'inscription initiale, Jean-Pierre subit une série d'examens interminables et exigeants pour mesurer sa bonne condition physique et sa capacité mentale. À la fin du processus, l'instructeur lui remit plusieurs documents, puis le dirigea vers une salle où un agent d'enrôlement était assis derrière une grande table. L'agent scruta ses résultats d'examen, puis prit deux feuilles d'un formulaire pré-imprimé dans une pile ordonnée sur le coin de la table. Sans lever les yeux, il fit signe à Jean-Pierre de s'asseoir sur une chaise en bois. Jean-Pierre s'assit et attendit nerveusement. L'agent plaça méticuleusement un morceau de papier carbone entre les deux feuilles, inséra le formulaire dans une machine à écrire, roula la platine, et aligna minutieusement le papier en utilisant le lignomètre de la machine à écrire. Une fois satisfait de son alignement, il verrouilla le papier en position, leva les yeux vers Jean-Pierre et sourit.

« Bien alors. Commençons. Nom de famille d'abord suivi de votre nom de baptême au complet. »

« Laekas », Jean-Pierre s'arrêta puis continua, «Jean-Pierre ».

« Quelle est l'origine de ce nom, mon gars ? »

« C'est grec. »

Il hocha la tête et continua à taper. Après que Jean-Pierre eût répondu à toutes les questions, l'agent libéra le formulaire de la machine à écrire et examina rapidement son travail.

« Veuillez confirmer que tous les renseignements sont exacts, puis signez au bas », dit-il en glissant un stylo sur la table avec le formulaire.

Jean-Pierre commença à lire les inscriptions écrites à la machine.

« Je dois vous avertir que la falsification de renseignements constitue un acte criminel punissable d'un maximum de six mois en prison. »

Surpris par la menace de prison inattendue, Jean-Pierre leva les yeux de la feuille de papier.

« Ne vous en faites pas. Je ne me souviens pas quand nous avons emprisonné quelqu'un pour mensonge », indiqua l'agent souriant en voyant l'expression faciale de Jean-Pierre.

« Vous avez mal épelé Laekas », indiqua Jean-Pierre. « C'est L A E KA S et non L E A KA S. »

Après que l'agent eût corrigé l'orthographe de son nom, Jean-Pierre signa et retourna le formulaire.

« Félicitations Fusilier. Vous êtes maintenant membre d'un régiment très distingué. » Il se pencha au-dessus du bureau et serra la main de Jean-Pierre.

« Merci », répondit Jean-Pierre, incertain de la réponse appropriée pour un Fusilier. *J'aurais peut-être dû saluer.* La pensée disparut pour faire place à l'excitation. *Je suis un Fusilier. Je suis membre des Fusiliers Mont-Royal.* Il sourit de toutes ses dents à l'agent en se demandant quoi faire ensuite.

« Voici votre carte de transport en commun pour aller à la maison. Rendez-vous à cette adresse demain matin à 0700 heures. »

Trop enthousiaste pour attendre un tramway, il courut sur la rue Saint-Denis jusqu'à la rue Sainte-Catherine. Il marcha rapidement vers le pont Jacques-Cartier en ressassant les événements de la journée dans sa tête. Il s'imagina quelque part en Europe en patrouille avec son régiment à la recherche de l'ennemi. Débordant de fierté juvénile, il voulait crier la nouvelle de son enrôlement à tous les passants. Dix minutes plus tard, il arriva à la rue Beaudry. Il grimpa rapidement l'escalier métallique en spirale menant au balcon du deuxième étage du triplex. En vitesse, il mania maladroitement sa clé pour déverrouiller la porte extérieure. Une fois à l'intérieur, il ferma rapidement la porte faisant valser son rideau de dentelle blanc. Il grimpa rapidement l'escalier deux marches à la fois jusqu'à la porte intérieure de l'appartement. Elle heurta bruyamment la butée lorsqu'il l'ouvrit. Son père surpris se leva de son fauteuil préféré, en faisant tomber des sections du *L'Autorité* sur le plancher.

« Père, j'ai joint l'armée ! », proclama Jean-Pierre.

« Mon cher fils », dit-il en s'asseyant dans son fauteuil, « viens t'asseoir et dis-moi ce qui en est vraiment. »

Jean-Pierre raconta en détail son processus d'enrôlement et tous les examens qu'il avait subis. Son père écouta en silence sans interrompre. Au souper, ses sœurs s'intéressaient davantage à leurs vies personnelles qu'à l'enrôlement de Jean-Pierre. Sa mère s'occupait dans la cuisine, inconsciente de la nouvelle de son fils. Après le souper, Jean-Pierre et son père allèrent se promener dans le voisinage. Ils se promenèrent sur la rue Sainte-Catherine et parlèrent de tout, sauf de la guerre distante qui faisait rage en Europe. En attendant qu'un camion passe à une intersection, Michael Laekas tira la manche de son fils. Jean-Pierre se tourna, bouleversé de voir les yeux de son père pleins d'eau.

« Mon fils, j'ai toujours été fier de tout ce que tu as fait et je sais que je ne peux pas t'empêcher de partir. Promets-moi que tu prendras soin de toi. »

« Je le promets, père. »

Michael prit le visage de son fils dans ses mains et l'embrassa sur la joue. Jean-Pierre mit son bras autour des épaules de son père et ensemble ils retournèrent à pied à l'appartement, seuls dans leurs pensées, mais ravis de la compagnie de l'autre.

Le Motordrome de six étages, sis au coin des rues Sherbrooke et Saint-Denis, avait été utilisé à l'origine en tant que hall d'exposition d'automobiles et garage. Lorsque l'Armée canadienne se prépara pour la guerre, le manège des Fusiliers Mont-Royal situé au 3721, avenue Henri-Julien ne pouvait pas répondre à la croissance prévue du régiment à plus de 900 hommes. L'armée chercha des installations convenables, expropria le Motordrome, et le rénova pour Les Fusiliers Mont-Royal. Le Motordrome rénové incluait une salle d'hébergement, une cuisine, un coin-repas, une grande salle d'exercices et des bureaux administratifs.

À exactement 0700 heures, Jean-Pierre entra dans le Motordrome caverneux et rejoignit la file d'hommes au bureau d'accueil. Le commis inscrivit son nom, puis lui remit son insigne nominatif militaire arborant le numéro régimentaire D61894. Il suivit la longue file de conscrits jusqu'au barbier dont le rasoir fit tomber ses boucles noires sur ses épaules. Ensuite, il passa entre deux files d'infirmières qui donnaient des vaccins contre le choléra, la diphtérie, l'influenza, le tétanos, la fièvre typhoïde, le typhus, la scarlatine et la variole. L'homme devant lui s'évanouit lorsque la première aiguille perça sa peau. Deux préposés aux soins prirent l'homme prostré à part et une infirmière lui administra les vaccins restants tandis qu'il reposait sur le plancher. Après les vaccins, Jean-Pierre se rendit aux magasins du quartier-maître pour recevoir son uniforme, ses sous-vêtements, sa tenue d'entraînement physique, ses bottes, son casque et d'autres accessoires. Un sergent amena Jean-Pierre et d'autres recrues, les bras pleins de matériel militaire, à leurs lits de camp dans les dortoirs du Motordrome.

« Trouvez une couchette, enfilez votre tenue d'entraînement et revenez dans la salle d'exercices dans deux minutes », cria-t-il. « Quiconque est en retard va le regretter. »

Jean-Pierre lança les vêtements et l'équipement qu'il venait d'acquérir sur une couchette. Il se déshabilla, puis enfila ses culottes courtes, sa camisole de sports et ses bottes. Ainsi habillé, il courut vers la salle d'exercices avec les autres recrues, le son des bottes qui heurtaient le plancher en béton résonnant dans ses oreilles. Il rejoignit une file d'un côté de la salle où des hommes passaient consécutivement d'un poste à l'autre. Sous le regard glacé de l'instructeur d'exercice, chaque recrue tentait d'effectuer l'exercice représenté sur un morceau de carton fixé sur une chaise. Les instructeurs d'exercice n'avaient aucune pitié tandis qu'ils fustigeaient les recrues verbalement. Jean-Pierre connaissait déjà les redressements assis, les pompes, les sauts avec écart et les autres exercices, mais l'instructeur réussit néanmoins à trouver une faute dans ses routines. Malgré son excellente condition physique, il peina à terminer la série d'exercices. À la fin de la journée, Jean-Pierre, fatigué, mais enthousiaste, se mit au lit et s'endormit rapidement.

Dans les semaines suivantes, Jean-Pierre apprit que le sergent instructeur du régiment occupait une position juste en-dessous de Dieu dans la hiérarchie des êtres suprêmes. Il exigeait une obéissance inconditionnelle et les rendait furieux. L'entraînement physique comprenant des courses et des exercices stationnaires, du combat corps à corps, des exercices d'ordre serré, des manœuvres, des marches, des leçons de natation et du tir sur cible avec des pistolets, des carabines et des mitrailleuses occupait leurs journées. Ils devaient constamment polir leurs bottes et leur équipement. Le programme rigoureux accordait délibérément aux recrues peu de temps libre et le rôle de leur sergent instructeur était clair. Mouler les hommes ou les briser. Éliminer les indésirables, les marginaux, les faibles, les faux malades, les râleurs et les ronchonneurs. Amener les autres dans un état où ils suivent les ordres sans question, travaillent ensemble en tant qu'unité cohésive, et agissent sans hésitation ni réserve.

La structure, l'ordre et la discipline de l'armée attiraient Jean-Pierre et il s'adaptait facilement à la vie militaire. Après quelques semaines d'entraînement de base, l'affectation des recrues à l'une des six compagnies du régiment eut lieu. Jean-Pierre et 27 autres apprentis-soldats menés par un sergent formèrent le peloton n° 3 de la compagnie A. L'entraînement continua et le peloton commença à tisser des liens en tant qu'unité.

Maurice Jolicoeur, un grand type jovial, rejoignit le régiment de Châteauguay de l'armée en juin 1939 à l'âge de 19 ans. Comme Jean-Pierre, la difficulté de trouver un travail et l'offre de l'armée de voyage et d'aventure poussèrent Maurice à joindre l'armée. Après son enrôlement, il rencontra Pierrette qui vivait à Saint-Lambert, à près de 25 miles de son régiment. La distance les empêchait de se voir sur une base régulière, il demanda donc un transfert vers Les Fusiliers Mont-Royal situés à seulement six miles d'où Pierrette vivait. Affecté au peloton n° 3 de la compagnie A, Maurice développa rapidement une affinité unique avec Jean-Pierre. Ils passaient la majeure partie de leur temps libre ensemble au Motordrome et visitaient les familles de l'autre lorsqu'ils avaient congé.

Après deux mois d'instruction de base, le régiment reçut l'ordre de commencer l'instruction avancée au Camp Valcartier. Les officiers informèrent les hommes dans chacune des six compagnies du régiment et accordèrent aux soldats une permission de 24 heures pour dire au revoir à leurs familles. Jean-Pierre se rendit brièvement à la maison pour dire à sa famille qu'il quittait Montréal, puis il retourna rapidement au régiment.

Le 25 mai 1940, en attente d'embarquer dans le train de troupes à la station Bonaventure, Jean-Pierre et Maurice spéculèrent sur les conditions à Valcartier, la durée de leur séjour au camp, et les destinations possibles du régiment par la suite. Une fois assis, Maurice appuya sa tête sur le mur du wagon, et s'assoupit. Assis à ses côtés et seul avec ses pensées, Jean-Pierre regarda par la fenêtre le paysage qui passait. *Je me demande où je serai dans un an. Probablement sur un champ de bataille quelque part.* La possibilité qu'il meure au combat ne lui traversa jamais l'esprit.

Le manège militaire, Les Fusiliers Mont-Royal, 3721, rue Henri-Julien, Montréal, Québec.
http://lesfusiliersmont-royal.com/

Soldat Jean-Pierre Laekas, D61894, Les Fusiliers Mont-Royal. 1940. *Collection Privée.*

Chapitre 2
Valcartier, Québec
Mai 1940 à juillet 1940

L'environnement relativement calme et confortable de l'île de Montréal prépara très peu les Fusiliers à la prochaine étape de leur entraînement. Situé à 170 miles au nord-est de Montréal sur un plateau au pied des Laurentides, l'imposant Camp de Valcartier occupait environ 130 miles carrés de terrain accidenté. À la base du camp où les hommes mangeaient, dormaient et suivaient des cours, des tentes exposées au vent étaient le seul abri des troupes. Dans les collines, les vallées, les champs et les rivières où les hommes s'entraînaient, les mouches noires voraces et les moustiques implacables attaquaient en nuée. Tout comme lors de la Première Guerre mondiale, le camp servait d'aire d'entraînement et de point de départ aux soldats canadiens destinés à servir à l'étranger.

Après un trajet en train de trois heures en partance de Montréal, les troupes débarquèrent à la station Valcartier. Elles se regroupèrent rapidement par peloton et les compagnies marchèrent ensuite vers l'immense camp. Des rangées infinies de grandes tentes en toile recouvraient la plaine à la base des collines. De petits immeubles à un étage comprenant deux ailes reliés par une section centrale commune se dressaient derrière les tentes. Ces huttes en « H » servaient de casernes pendant la saison hivernale et de mess pour les officiers. Les Fusiliers arrivèrent à leurs tentes et joignirent leurs régiments jumeaux de la Cinquième Brigade de la deuxième division canadienne déjà à Valcartier, le Black Watch (Royal Highland Régiment) du Canada, Le Régiment de Maisonneuve, et Le Régiment de la Chaudière.

Jean-Pierre partageait une grande tente en toile avec 14 autres jeunes recrues. À l'extérieur de la tente, il se lavait dans les couches communes ouvertes et froides et se soulageait dans les longues latrines en bois contenant un urinoir à auge et 20 sièges vieillis placés côte-à-côte par-dessus un trou collecteur malodorant. La couverture de laine mince sur son lit n'arrivait pas à le protéger de l'air frais et humide qui s'infiltrait dans la tente la nuit et qui perturbait son sommeil. Le lendemain, les sergents instructeurs commencèrent leur entraînement avancé avec vigueur. Que ce soit sur le terrain de parade, dans le champ ou au champ de tir, les mouches noires et les instructeurs d'exercice du camp assaillaient Jean-Pierre. Bientôt, il pensait ardemment au confort matériel de la ville et aux chauds quartiers fermés du Motordrome.

L'entraînement avancé se concentrait sur les aptitudes au combat en mettant l'accent sur le combat au corps à corps, les exercices de baïonnette et la pratique au stand de tir. Pour accroître leur endurance, les hommes participaient à de longues marches pendant des heures et parfois des jours sur le terrain accidenté et les collines du camp. Pour la première fois depuis l'enrôlement de Jean-Pierre, les manœuvres incluaient de vraies munitions. Il rampait dans la poussière et la boue dans des parcours d'obstacles tandis que les balles sifflaient au-dessus de sa tête et que les explosions faisaient trembler le sol sous ses pieds. Son peloton attaquait les positions ennemies à l'aide du tir de suppression des mitrailleuses qui protégeait leur progression. Ils utilisaient des charges Bangalore pour créer des brèches dans le barbelé et des grenades, des fusils et des baïonnettes pour finir l'assaut. L'étendue de leur entraînement passa bientôt d'attaques avec un peloton de 27 hommes à des assauts avec une compagnie de 150 hommes et à des manœuvres impliquant les soldats, les chars d'assaut et l'artillerie de la Cinquième Brigade. Jean-Pierre était épaté par les aptitudes des commandants à gérer les milliers de soldats et leur équipement. Après trois semaines, les mouches noires, l'abus des instructeurs d'exercice, les balles et les explosions ne dérangeaient plus Jean-Pierre. À la fin de la journée, il dormait à poings fermés. Il se sentait physiquement et mentalement prêt pour tout défi ou toute tâche qui allait lui être attribuée.

Dans le camp, les nouvelles d'un désastre imminent en France atteignirent les troupes. Près de 350 000 soldats de la Force expéditionnaire britannique et les restes des armées françaises et belges vaincues acculées le dos à la mer avaient été en danger d'être capturés ou annihilés par les armées allemandes qui approchaient. Seule une fuite miraculeuse vers l'Angleterre à partir du port de Dunkerque avait sauvé les soldats aguerris de l'armée britannique. Maintenant, les Allemands se dressaient prêts à attaquer l'Angleterre avec pour seul obstacle la Manche.

« Ça ne sera pas long avant que nous traversions vers l'Europe », indiqua un Fusilier assis à la longue table dans la tente du mess.

« Où crois-tu qu'ils nous enverront ? », demanda le soldat assis en face de lui.

« En Angleterre, bien entendu. »

« Je parie que nous allons en France », marmonna un autre Fusilier la bouche pleine de nourriture. « C'est simplement logique qu'un régiment de langue française soit envoyé là-bas. Lorsque nous en aurons fini des Allemands, nous aurons du plaisir avec les mesdemoiselles de Paris. »

Les officiers des Fusiliers réalisaient que l'appel au combat pouvait arriver plus rapidement que prévu, et ni eux ni leurs soldats n'étaient prêts. L'entraînement s'intensifia et le 18 juin 1940, le commandant des Fusiliers reçut l'ordre de préparer le régiment pour le départ. La nouvelle parcourut les rangs, déclenchant ainsi les rumeurs les plus folles et l'enthousiasme parmi les jeunes soldats impatients.

Le 22 juin, après presque quatre semaines d'entraînement interminable et peu de repos, les soldats eurent une permission de 48 heures. Jean-Pierre et Maurice embarquèrent dans un train vers Montréal.

« Jean-Pierre, tu dois te trouver une fille. Après la guerre, je vais marier Pierrette et nous allons fonder une famille. »

« Tu regardes peut-être trop loin dans l'avenir, Maurice. Ils ne nous entraîneront pas éternellement. Ils ne nous ont pas donné cette permission parce qu'ils veulent que nous nous reposions. Ils vont nous envoyer quelque part. »

« Je sais, mais j'aurai quelqu'un qui m'attend lorsque tout ça est terminé. C'est ce dont tu as aussi besoin, mon ami. »

Lorsqu'ils débarquèrent du train à la station Bonaventure, Maurice donna une étreinte fraternelle à Jean-Pierre. « On se voit dans quelques jours. Si tu n'as rien à faire, viens à Saint-Vincent-de-Paul. Ma mère aimerait t'entendre chanter. »

« Je dois aller voir mes parents et mes sœurs, ce que ne me laissera pas beaucoup de temps. Merci quand même. Dis bonjour à Pierrette et à tes parents pour moi. »

Tandis que les hommes faisaient leurs adieux à leurs proches, l'Allemagne terminait officiellement son coup de balai de l'Europe occidentale en acceptant la capitulation de la France. Hitler humilia les Français en organisant la cérémonie de capitulation au même endroit, de la même manière et dans le même wagon de train utilisé par le maréchal français Foch en 1918 lors de la capitulation des Allemands.

Jean-Pierre et Maurice retournèrent à Valcartier le 24 juin. Quatre jours plus tard, les soldats subirent un dépistage pour détecter les maladies vénériennes, puis empaquetèrent leur équipement. À des fins de sécurité, le régiment coupa tous les moyens de contact avec le monde extérieur, empêchant ainsi le personnel d'informer le plus proche parent et les amis de leur départ imminent. Le 29 juin 1940, le soldat Jean-Pierre Laekas et son régiment embarquèrent dans un train de troupes, leur destination connue uniquement par leurs officiers.

Camp Valcartier à Québec en 1940. Les officiers des Fusiliers Mont-Royal. De gauche à droit : Erskine Eaton, Paul Trudeau, Jean Vézina et Yves Bourassa. *http://lesfusiliersmont-royal.com/*

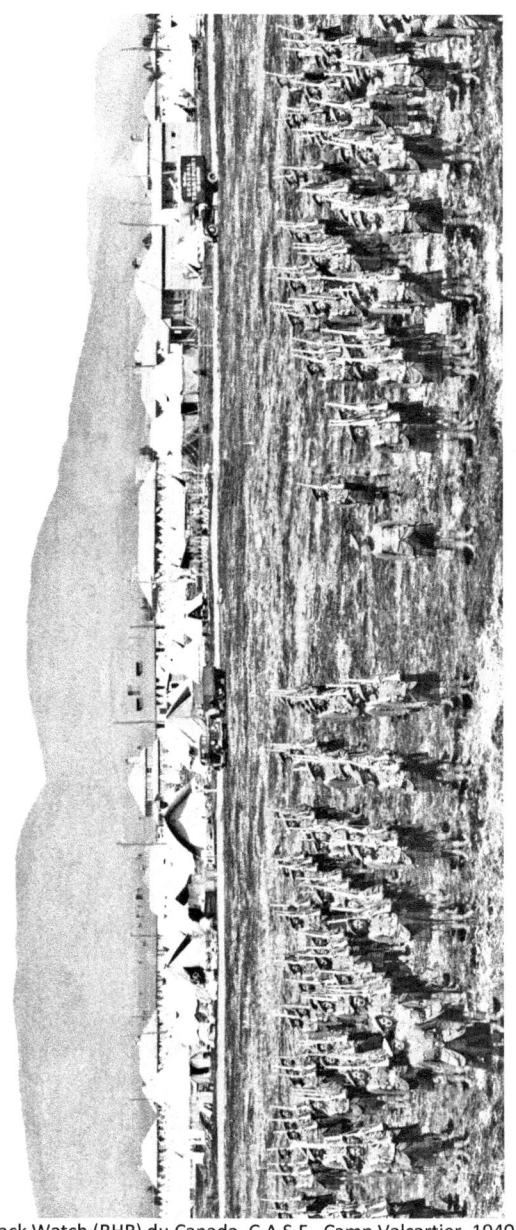

1er bataillon. Le Black Watch (RHR) du Canada, C.A.S.F., Camp Valcartier, 1940. *Musée canadien de la guerre, Archives Photo WWII , Boîte 5, 20100085-027.*

Chapitre 3
L'Empress of Australia
30 juin 1940 au 7 juillet 1940

Vingt-quatre heures après avoir quitté Valcartier, le train s'immobilisa le long des docks au port d'Halifax, en Nouvelle-Écosse. Les hommes débarquèrent des wagons, se réunirent et marchèrent vers le terminal en briques rouges identifié en grosses lettres vives en tant que PIER 21. Les Fusiliers rejoignirent la longue colonne de soldats qui attendait déjà pour entrer.

« Nom et numéro d'identification », indiqua le commis de la compagnie régimentaire debout à l'entrée.

« Laekas, Jean-Pierre. D61894. »

Le commis regarda la liste, puis inscrit une coche à côté de son nom. Jean-Pierre suivit la file de soldats sortant à l'arrière de l'édifice. Sa musette porté en bandoulière, il gravit une rampe en métal jusque dans la coque d'un grand navire.

En tant que paquebot du Canadien Pacifique, l'Empress of Australia transportait 1 500 clients dans des installations luxueuses sur l'Atlantique Nord. Dans son nouveau rôle de transport de troupes, l'Empress pouvait accueillir des milliers d'hommes. De la peinture gris terne couvrait ses couleurs de blanc et de jaune du Canadien Pacifique, et un canon de trois pouces était monté sur son pont.

L'Empress quitta le port de Halifax transportant à son bord les Cameron Highlanders d'Ottawa et Les Fusiliers Mont-Royal. La plupart des soldats, y compris Jean-Pierre, n'étaient jamais montés à bord d'un navire. Ils se rassemblèrent sur le pont découvert, se penchant au-dessus des rambardes et saluant de la main personne en particulier. Tandis que les remorqueurs escortaient l'Empress à travers le couloir dans les filets anti-sous-marins, Jean-Pierre se retourna pour regarder la ville. La Citadelle et la vieille tour de l'horloge historique se dressaient majestueusement à l'horizon. Des destroyers, des corvettes et d'autres navires de guerre s'entassaient dans le port. Tandis que l'Empress approchait de l'Île McNabs, le croiseur lourd HMS Devonshire se joignit à eux.

Après que l'Empress eût quitté le port d'Halifax et atteint la mer libre, Jean-Pierre, Maurice et le reste de la compagnie A se rassemblèrent pour un briefing.

« Nous faisons partie d'un groupe appelé la Force Z et nous, conjointement aux Cameron Highlanders, rejoindrons notre régiment jumeau les Royals en Islande », annonça l'officier en lisant une feuille dactylographiée.

Des murmures parcoururent le groupe tandis que les hommes se questionnaient sur leur destination.

« Ça suffit ! », continua l'officier. « Vous avez bien entendu. Nous allons en Islande. Notre travail consiste à aider les régiments britanniques déjà là-bas à défendre le pays contre l'invasion allemande. L'Islande est un état gardien du Danemark et comme vous le savez, les Allemands ont envahi le Danemark en avril. Pour empêcher que les Allemands établissent une base dans l'Atlantique nord offrant un accès plus facile aux convois en direction de l'Angleterre, les Britanniques ont occupé l'Islande en mai. »

« Lieutenant, l'Islande n'a-t-elle pas déclaré sa neutralité après la capitulation du Danemark aux Allemands ? », demanda un Fusilier futé sur le plan politique.

« Une bonne question qui m'amène à mon prochain point », indiqua l'officier qui nota mentalement le soldat qui avait posé la question.

« Après l'arrivée des Britanniques, le gouvernement islandais a protesté officiellement et a insisté pour que la Grande-Bretagne respecte sa neutralité, ce qu'elle n'a évidemment pas respecté. Finalement, le premier ministre de l'Islande demande à la population de considérer les soldats britanniques comme leurs invités et de les traiter en conséquence. Même avec le soutien du gouvernement, il pourrait y avoir des Islandais qui n'apprécieront pas votre présence dans leur pays. Quoiqu'il advienne, vous traiterez les Islandais avec respect et éviterez les situations qui pourraient entraîner un conflit. » L'officier plia le message dactylographié. « Je ne veux pas apprendre que l'un d'entre vous a tout foutu en l'air en se bagarrant avec les hommes ou en socialisant avec les femmes. N'oubliez pas, nous nous rendons en Islande, pas en tant qu'envahisseurs, mais pour les aider à se défendre contre une invasion des Allemands. »

Le lendemain matin au petit déjeuner, Jean-Pierre rencontra son ami Maurice.

« C'est bien mieux que Valcartier. Je n'en reviens pas que nous soyons servis par des serveurs », déclara Jean-Pierre tandis qu'il finissait une bouchée d'œufs brouillés.

« Savais-tu que ces serveurs ont aussi servi la famille royale britannique ? »

« Que veux-tu dire ? »

« Un officier m'a dit que la famille royale voyageait au Canada sur ce navire. Il m'a dit de profiter du traitement royal pendant qu'il dure, car l'Islande sera une tout autre histoire. »

« Comment est ta cabine ? »

« Jean-Pierre, je ne resterai pas enfermé dans une cabine. J'ai dormi sur le pont près de la cheminée du milieu. J'étais très confortable. Tu devrais te joindre à moi. L'air frais te fera du bien. »

« Non merci. J'ai eu assez d'air frais à Valcartier pour tenir toute une vie. »

Ce soir-là Jean-Pierre se tint debout sur le pont principal et regarda par-dessus la rambarde. Il était fasciné par la coque du navire qui glissait à travers l'eau grise et profonde et par les vagues écumeuses s'éloignant du navire. Dans la lumière qui s'estompait, l'horizon distant devint une ligne floue tandis que l'eau sombre se mélangeait au ciel violet foncé. Il n'y avait aucun signe du Devonshire. Aucune terre, aucun autre navire, ils étaient seuls. Rien pour les protéger autre qu'un canon de trois pouces sur le pont. *Je me demande s'il y a des sous-marins allemands qui patrouillent l'Atlantique Nord autour de l'Islande.* Il frémit en pensant à cette idée, puis se retira dans la cabine qu'il partageait avec trois autres Fusiliers.

Le personnel de la 2e Division canadienne, C.A.S.F., se prépare à embarquer dans le transport de troupes, Halifax, Nouvelle-Écosse, 1940. *Canada. Ministère de la défense nationale / Bibliothèque et Archives Canada/ PA-114799.*

Soldats canadiens de la 2e Division canadienne embarquant dans le navire à quitter le pays. *Musée canadien de la guerre, Archives photo 52A 4 18, 20020045-1909, armée du MDN WRA-419.*

Personnel des Fusiliers Mont-Royal et des Cameron Highlanders d'Ottawa à bord du « HMT Empress of Australia », Halifax, Nouvelle-Écosse, juillet 1940. *Canada. Ministère de la Défense nationale/Bibliothèque et Archives Canada/PA-114804.*

Soldats de la 2e Division canadienne quittant Halifax, 1940. *Musée canadien de la guerre, Archives photo 52A 4 18, 20020045-1910, NA- WRA-326.*

Le « H.M.T. Empress of Australia », 1940. *http://www.greatships.net/empressaustralia.html*

Chapitre 4
Islande
Juillet 1940 à octobre 1940

Le 7 juillet 1940, les montagnes sombres et le littoral sans relief de l'Islande apparurent au loin. Les soldats enthousiastes s'entassèrent sur les ponts supérieurs pour regarder le navire approcher du port de Reykjavík. L'Empress of Australia entra dans la baie de Faxaflói, puis se dirigea vers sa rive sud. Tandis que le navire approchait du port, Jean-Pierre examinait la campagne. *Étrange. Où sont les arbres ? Pourquoi le sol est-il si sombre ?* Avec l'aide de remorqueurs, l'Empress approcha du quai. Des débardeurs locaux attrapèrent et attachèrent solidement les amarres du navire.

« Premier peloton, compagnie A préparez-vous à débarquer ! », hurla le sergent-major.

Jean-Pierre descendit l'appontement et marcha sur le quai. *Bien, ils m'ont promis un voyage et aventure. Me voilà en Islande. Je me demande quand l'aventure commencera.*

Les régiments marchèrent en partance du port vers un espace découvert à l'extérieur de la ville. Les 2 000 soldats canadiens serpentant dans les rues de Reykjavík au son des cornemuses des Cameron Highlanders d'Ottawa firent toute une impression sur la population locale. En fin d'après-midi, les soldats avaient terminé d'ériger leur village de tentes et relaxaient en profitant de la température estivale. Ce soir-là, lorsque le clairon annonça l'extinction des feux, certains hommes se retirèrent dans leurs tentes alors que d'autres continuèrent de faire ce qu'ils faisaient.

« Soldats, extinction des feux signifie qu'il est temps de terminer la partie », indiqua un sergent qui passait à côté de Jean-Pierre et d'un groupe de Fusiliers jouant aux cartes.

« Sergent, le soleil n'est pas couché. »

« C'est vrai, soldat. C'est l'Islande et contrairement à vous, le soleil ne se couche jamais. Maintenant, rangez les cartes. »

Le 11 juillet, la compagnie A reçut l'ordre d'établir un camp permanent à Hveragerði, à 60 miles au sud-est de Reykjavík. Jean-Pierre empaqueta son équipement, puis rejoignit son peloton en formation. Ils marchèrent dans la campagne, entourés d'un paysage sombre désolé parsemé de points de verdure où de la mousse et du lichen poussaient. Il n'y avait pas d'arbres, d'arbustes, de broussailles ni de fleurs. Au loin, des montagnes sombres et menaçantes se dressaient haut dans le ciel bleu clair.

« Le sol noir, c'est de la lave. Elle a coulé il y a des siècles », précisa le Fusilier qui marchait à côté de Jean-Pierre. « L'Islande est née des volcans et certains sont encore actifs, peut-être même ceux-ci. » Il fit un signe de la tête vers les montagnes. Pointant en direction d'un geyser au loin, il continua son documentaire. « Et de ce côté, tu peux voir la vapeur monter du versant. La lave dans le sol réchauffe l'eau et fait en sorte que la vapeur monte à la surface. »

« Donc, pourquoi est-ce que ça s'appelle l'Islande ? »

« Apparemment les Vikings qui ont découvert l'île étaient épris de sa beauté naturelle. Pour décourager les autres peuples d'y venir, ils l'ont appelé Islande. »

« Je présume que tu vas me dire qu'ils ont appelé le Groenland par ce nom pour attirer d'autres Vikings. »

« Tu as compris ! »

La route qui montait graduellement grimpait jusqu'à la crête d'une haute plaine. Blotti dans la vallée en contrebas, se trouvait un petit village, leur destination de Hveragerði. La longue file de soldats descendit la route sinueuse escarpée vers les champs découverts à l'extérieur de la ville où ils érigèrent leurs tentes. Le lendemain, le régiment se réunit pour une cérémonie officielle afin de remplacer les Fusiliers du Lancashire de la 49e division d'infanterie britannique.

« Salut, camarades ! », cria un soldat britannique après la cérémonie. « Construisez un replat de tourbe contre les côtés de votre tente face au foutu vent dominant. Il s'agit d'un endroit misérable, mais c'est encore pire lorsque le vent et la pluie entrent dans vos tentes. »

Mais de quoi parle-t-il ? pensa Jean-Pierre.

Une fois les hommes installés, un officier les réunit pour un briefing.

« Les Britanniques ont besoin de quelques pistes afin de pouvoir amener des chasseurs et des avions du commandement côtier. Notre travail consiste à les bâtir », indiqua l'officier du briefing. « Là-bas à Kaldaðarnes. »

Les hommes tournèrent leur tête dans la direction indiquée par l'officier. Des champs découverts plats se trouvaient entre leur camp de tentes et une rivière sinueuse. De l'autre côté de la rivière, on voyait ce qui ressemblait à des champs de fermiers.

« Chaque compagnie travaillera en quarts d'une semaine. Nous débuterons par la compagnie A et nous irons successivement à la compagnie F jusqu'à ce que nous ayons terminé. En raison de la distance, la compagnie qui travaille à Kaldaðarnes campera ici pendant la semaine. »

« Lieutenant, combien ça prendra de temps ? », demanda un Fusilier.

« L'ingénieur responsable dit que ça prendra six mois. Nous devons enlever une colline de lave et niveler la plaine de lave. Ce sera un sacré boulot, mais j'ai confiance que les Fusiliers se montreront à la hauteur. J'ai dit à l'ingénieur que les pistes seront prêtes bien avant l'estimation de six mois. Je ne m'attends pas à ce que vous fassiez de moi un menteur en prenant six mois pour terminer les pistes, n'est-ce pas ? »

Les hommes rirent et applaudirent, prêts à relever le défi. Le lendemain matin, des camions transportèrent Jean-Pierre, Maurice et le reste de la compagnie A à Kaldaðarnes. Ils traversèrent le fleuve Ölfusa à Selfoss, puis plusieurs miles plus loin ils tournèrent sur une petite route. Après une courte distance, elle se transforma en sentier cahoteux et défoncé qui les mena à travers les champs agricoles. Après une dure randonnée, ils arrivèrent à un grand champ découvert le long de l'eau. Jean-Pierre pouvait voir le village de Hveragerði, à des miles de là de l'autre côté du fleuve Ölfusa. Après que les hommes eurent érigé leurs tentes sur les berges, ils se rassemblèrent pour un autre briefing du projet donné par l'officier ingénieur militaire britannique responsable.

« Votre tâche consiste à construire une piste définie par les piquets que j'ai placés dans le sol. »

Jean-Pierre regarda dans la direction vers laquelle le soldat pointait. Deux lignes parallèles de chevilles en bois régulièrement disposées marquaient le contour de la piste à travers un terrain herbeux de couleur paille non entretenu. Les chevilles suivaient le contour des monticules et des dépressions du champ.

« Le sol sous la végétation est de la lave. Votre travail consiste à niveler la zone pour la piste, la voie de circulation et les aires de trafic. Vous aurez pour outils des pioches, des pelles, des brouettes et de la dynamite. »

Le mot dynamite donna lieu à des discussions animées parmi les jeunes hommes réunis.

« La dynamite est destinée à la grosse colline allongée là-bas. J'estime que ça prendra six mois pour terminer la piste, mais votre officier m'a dit qu'elle serait terminée plus tôt. Nous verrons. »

Les travaux commencèrent, la plupart des hommes utilisant des pioches et des pelles, tandis qu'un petit groupe choisi par le sergent de la compagnie A, dont Jean-Pierre et Maurice, rejoignit l'ingénieur à la colline de lave.

« Nous insérerons les bâtons de dynamite dans les trous que vous ferez dans la lave. Je vais vous montrer. »

L'ingénieur prit trois bâtons de dynamite, puis grimpa sur la colline. Il plaça chaque bâton dans un trou préparé, puis déroula les fils de la dynamite tandis qu'il descendait la colline. Après avoir fixé les fils aux bornes du détonateur, il tira un sifflet de sa poche et siffla trois coups stridents. Il regarda vers la colline et une fois l'endroit dégagé à son goût, il enfonça le piston du détonateur. Une seconde après, le sol trembla et du versant de la colline, des morceaux de lave noire, de la fumée et de la poussière volèrent dans les airs.

Les hommes rejoignirent l'ingénieur tandis qu'il grimpait sur la colline.

« La prochaine étape consiste à enlever les gravats, puis à faire exploser une autre partie de cette colline. Y a-t-il des questions ? »

Un silence s'ensuivit tandis que les hommes réalisaient l'ampleur de leur tâche.

« Bien alors, je vais vous laisser faire votre travail. »

Malgré une brise fraîche provenant de la rivière située à proximité, les hommes suaient abondamment tandis qu'ils utilisaient leurs pioches et leurs pelles pour dégager la zone.

« Ça va prendre vraiment beaucoup de temps », indiqua Maurice en regardant Jean-Pierre transporter un gros morceau d'émission volcanique noire. « Je vais demander au sergent si nous pouvons utiliser plus de dynamite, sinon ça *va* prendre six mois. »

Le sergent, peu impressionné par les effets de l'explosion à trois bâtons, accepta la suggestion de Maurice. Suivant les directives du sergent, les hommes se préparèrent pour la prochaine explosion. Ils insérèrent plusieurs bâtons de dynamite amorcée dans chaque trou et déroulèrent les fils vers le détonateur. Lorsqu'il jugea que tout était prêt, le sergent donna le signal. Maurice enfonça le piston. Un gros segment de la colline sauta en l'air et le sol trembla sous leurs pieds. Tandis que des morceaux de pierre de lave tombaient près d'eux, le son de l'explosion résonna sur les montagnes derrière Hveragerði. Les hommes de la compagnie A se précipitèrent à travers un nuage de poussière et de fumée pour examiner les résultats de leur ouvrage. L'explosion avait enlevé une grande partie de la colline. Des tas de pierre de lave noire, allant de morceaux de la taille d'un poing aux gros rochers, étaient éparpillés à la base de la pente. Les hommes applaudirent, rirent et se félicitèrent à la suite de cette réussite.

« Allez les gars. Allons-y. Nettoyons les débris et nous allons arracher un autre morceau de cette foutue colline », indiqua le sergent.

Les hommes munis de pioches et de pelles commencèrent à enlever les décombres tandis que Maurice, Jean-Pierre et le reste de l'équipe des explosifs préparaient de nouveaux trous pour la dynamite. À la fin de la première semaine, les hommes, fatigués mais satisfaits, de la compagnie A donnèrent leurs outils et leurs nouvelles connaissances de nivellement à la compagnie B et retournèrent à Hveragerði.

Au désarroi des soldats, le temps exceptionnellement chaud prit fin. Les périodes de pluie venaient sous la forme de rafales soudaines ou de pluie battante. Une nuit, Jean-Pierre se réveilla en sursaut. Les côtés de sa tente claquaient librement dans le vent et une goutte d'eau tomba sur son front. Tandis qu'il se demandait d'où elle provenait, plusieurs autres gouttes l'atteignirent.

« Merde ! », s'exclama-t-il. Il retira les couvertures et dans la lumière faible, il regarda l'eau coulant à travers une couture saturée. Il déplaça son lit et tenta de se rendormir.

Qu'est-ce que ce Britannique a dit à propos du foutu vent et de la pluie ?

Dans ses temps libres, Jean-Pierre jouait aux cartes, lisait, jouait aux cartes, apprenait des expressions islandaises, jouait aux cartes, et écrivait des lettres à ses parents et à ses sœurs. Il visitait le village de Hveragerði lorsqu'il était en permission et découvrit que les habitants de l'île dépendaient de l'eau chauffée souterraine comme source de chaleur. Après plusieurs semaines du régime quotidien de mouton du camp, Jean-Pierre essayait d'éviter à tout prix la viande frite ou rôtie servie par le chef du régiment. Il mangeait au village ou achetait des sandwichs auprès des entrepreneurs locaux qui érigeaient des kiosques près du camp. Les Islandais n'aimaient pas la présence des armées britannique et canadienne, mais ils s'enthousiasmèrent bientôt de la nature de *bon vivant* des Fusiliers. Jean-Pierre et son ami Maurice ignoraient les ordres de non-fraternisation et profitaient de chaque occasion de socialiser avec les sympathiques femmes islandaises blondes aux yeux bleus.

Le bêlement continu des moutons des fermes avoisinantes jumelé avec le soleil de minuit privait Jean-Pierre de sommeil. La nouveauté de l'Islande commença à s'estomper. Il se sentait humide et transi même lors des belles journées. Les poêles au bois de l'armée restaient inutilisés à l'extérieur de sa tente, car la recherche de bois s'avéra être un exercice futile sur le terrain dénué d'arbres. Le service de garnison à Hveragerði remplaça la vie de camp moins officielle de Jean-Pierre à Kaldaðarnes où il adorait faire exploser des collines de lave et pêcher dans le fleuve Ölfusa. Certaines journées, il exerçait la fonction de garde sur la base ou au village. D'autres jours, il partait lors de longues patrouilles à pied le long de la côte, à la recherche de soldats allemands qui auraient pu débarquer des sous-marins allemands rôdant au large des nombreux fjords et baies de l'Islande.

Six semaines après le début du travail, la RAF de Kaldaðarnes était prête à recevoir son premier aéronef. Une piste utilisable de pierres de lave écrasées se trouvait à la place de l'ancienne colline de lave et de la plaine de lave inégale. Le 27 août, neuf aéronefs de combat Fairey de l'escadre nº 98 de la RAF atterrirent. Cette nuit-là, les Fusiliers fiers célébrèrent leur accomplissement, quatre mois avant l'échéance. Les compagnies du régiment continuaient de travailler sur le réseau de routes du petit aéroport et les postes antiaériens, et protégeaient les chasseurs-bombardiers de la RAF. Neuf autres aéronefs arrivèrent en septembre pour rejoindre les patrouilles côtières et la poursuite des sous-marins dans les eaux entourant l'Islande.

L'arrivée de carburant d'avion pour les aéronefs soulagea Jean-Pierre et son régiment du froid et de l'humidité. Utilisant l'importante réserve de barils de cinq gallons jetés de l'aéroport, les Fusiliers construisirent des poêles. Ils enlevèrent le couvercle, remplirent le fond du baril avec six pouces de sable, écrasèrent de la pierre de lave puis versèrent le carburant d'avion. Des sourcils roussis et des visages noircis par la suie identifiaient ceux qui avaient utilisé trop de carburant ou qui étaient trop près lorsqu'ils avaient lancé l'allumette allumée dans le baril.

Une nuit, un jeune Fusilier nommé Arthur Fraser patrouillait sur le champ d'aviation, afin de protéger les avions. Intrigué par les chasseurs-bombardiers, il en inspecta un minutieusement, examinant les inscriptions de l'aéronef. Il n'était jamais monté à bord d'un avion et n'en avait jamais vu un de si près. Arthur regarda autour. Confiant qu'il était seul, il retira sa baïonnette et inscrit son nom et sa date de naissance sur l'aile de l'avion. Le lendemain, le commandant de la compagnie fit venir Arthur à sa tente.

« Soldat Fraser, qu'est-ce qui vous a pris d'écrire votre foutu nom sur l'aile d'un avion ? »

« Commandant, hier c'était mon 18e anniversaire. »

« Je n'en ai rien à foutre que ce soit le 100e anniversaire de votre mère. Vous avez endommagé un avion très dispendieux. Je vous mets au rapport. »

L'officier se leva de son bureau et s'approcha d'Arthur qui était toujours au garde-à-vous.

« Soldat, vous êtes-vous rasé ce matin ? », dit-il en regardant à travers ses lunettes les quelques poils blonds sur le jeune menton d'Arthur. Avant qu'Arthur ne puisse répondre, l'officier tonna : « Quelle foutue insubordination ! D'abord l'avion, maintenant ça. Je retiens une journée de salaire. Maintenant, fous le camp d'ici. »

Arthur salua le commandant, fit un demi-tour précisément et sortit de la tente.

Après s'être emparée du continent européen, l'Allemagne se préparait maintenant à envahir l'Angleterre. Le Parlement canadien répondit à la demande de troupes de l'Angleterre et approuva la proposition d'envoyer la deuxième division canadienne en Angleterre. En reconnaissance de leur service en Islande, les régiments canadiens arboraient fièrement une pièce distinctive sur leur uniforme d'un ours polaire blanc sur un arrière-plan noir.

Le 31 octobre 1940, après quatre mois en Islande, Les Fusiliers Mont-Royal quittèrent Hveragerði en direction du port de Reykjavík. Le Régiment Royal du Canada rejoignit les Fusiliers tandis que les Cameron Highlanders d'Ottawa semblaient destinés à passer l'hiver sur l'île froide et désolée.

De bonne humeur, Jean-Pierre aida ses compagnons à décharger les camions de transport au port, heureux de laisser ce pays aride et désolé derrière lui. Pendant son séjour de quatre mois, il travailla plus qu'il ne servit et balança une pioche plus souvent qu'il ne transporta son fusil. Ses quartiers étaient primitifs. La plupart des nuits, il dormait dans son uniforme froid et humide et se levait de la même façon. Il détestait l'affreux mouton. Malgré l'adversité, Jean-Pierre reconnaissait les changements provoqués par le séjour de son régiment sur l'île. Les soldats apprirent à s'adapter aux conditions rigoureuses et à dépendre l'un de l'autre. L'expérience les lia d'une façon bien différente que leur entraînement à Montréal et à Valcartier. Ils partagèrent des épreuves, des sacrifices et des succès. Ils avaient quitté Halifax en tant que groupe de recrues inexpérimentées, liées assez librement par les frontières régionales et leur langue maternelle canadienne-française. Maintenant, ils se rendaient en Angleterre en tant qu'unité très soudée prête à combattre l'ennemi.

Personnel des Fusiliers Mont-Royal, Reykjavík, Islande, 1940. *Musée canadien de la guerre, 19920085-1121*.

Personnel des Fusiliers Mont-Royal, Reykjavík, Islande, 1940. *Musée canadien de la guerre, 19920085-1122.*

Personnel des Fusiliers Mont-Royal, Reykjavík, Islande, 1940. *Musée canadien de la guerre, 19920085-1114.*

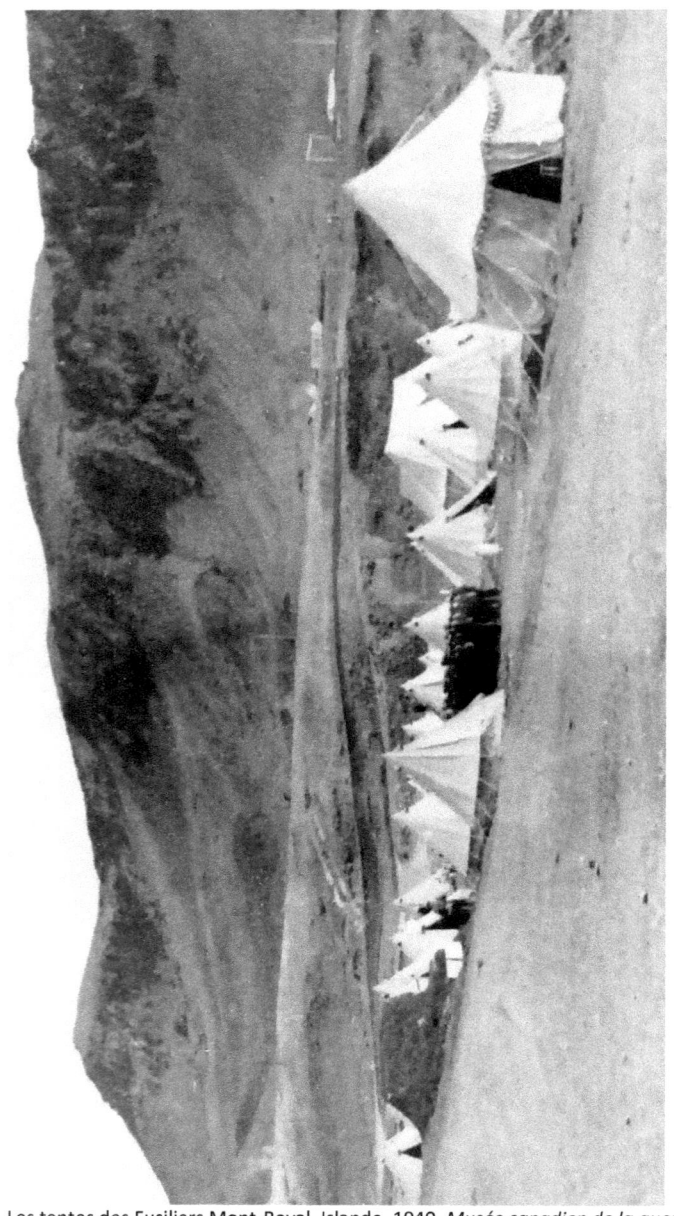

Les tentes des Fusiliers Mont-Royal, Islande, 1940. *Musée canadien de la guerre, 19920085-1115*.

Personnel des Fusiliers Mont-Royal, Reykjavík, Islande, 1940. *Musée canadien de la guerre, 19920085-1116*.

Les tentes des Fusiliers Mont-Royal, Islande, 1940. *Musée canadien de la guerre, 19920085-1117*.

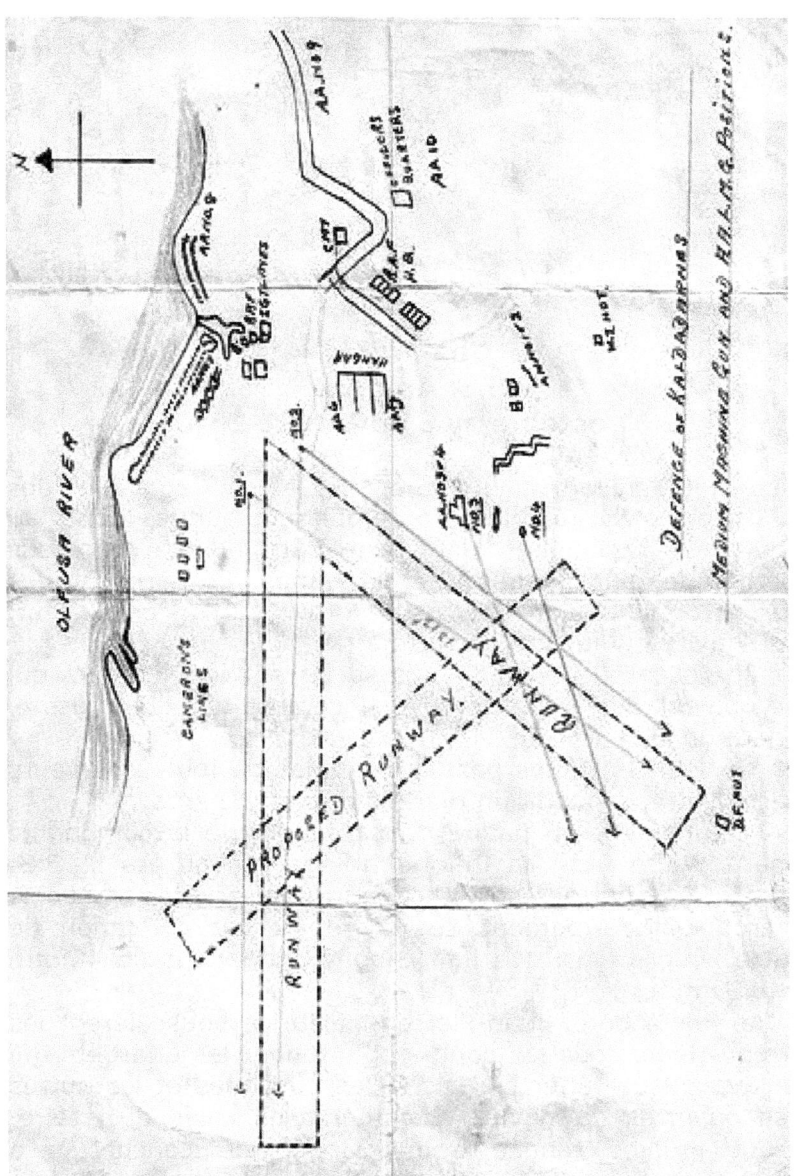

Croquis schématique des positions défensives des mitrailleuses moyennes et légères du 1er bataillon, The Cameron Highlanders of Ottawa (M.G.), à l'aérodrome de Kaldaðarnes près de Reykjavík, Islande, en 1940 et en 1941. *http://www.camerons.ca/Album_WWII*

Chapitre 5
S.S. Antonia
31 octobre au 3 novembre 1940

Les 1 800 soldats du Régiment Royal du Canada et des Fusiliers Mont-Royal se rassemblèrent sur les quais au port de Reykjavík, anticipant un long processus d'embarquement. Pour passer le temps, ils parlaient des endroits où ils avaient été, des endroits où ils s'en allaient, et du navire qui les y transporterait.

« Je doute que nous soyons servis par les serveurs qui s'occupaient de la famille royale, comme sur l'Empress », déclara un Fusilier.

« Ne vous en faites pas. Il n'y a pas de foutus serveurs sur celui-ci », répondit un marin qui passait par là.

Anciennement un navire de passagers de la compagnie Cunard White Star, la marine britannique affréta le S.S. Antonia au début des hostilités pour qu'il serve de transport de troupes. L'armement du navire incluait un canon de quatre pouces ainsi que huit canons antiaériens de 40 mm et de 20 mm.

Une fois à bord, Jean-Pierre et Maurice bousculèrent les autres soldats sous les ponts pour trouver les quartiers qui leur avaient été affectés. Les salles publiques et les autres aires ouvertes du navire, y compris les cales du navire, étaient munies rangée après rangée de couchettes à plusieurs niveaux.

« Je ne dormirai pas ici dans ces quartiers exigus », indiqua Maurice en fronçant les sourcils. « Je serai quelque part sur le pont au grand air. Pourquoi ne te joins-tu pas à moi ? »

Le « S.S. Antonia », 1940. *Collection Privée.*

« Tu es fou Maurice. C'est la fin d'octobre. Lorsque tu sentiras le vent et le froid, tu reviendras en rampant dans ton lit. »

Ils lancèrent leurs casques, masques à gaz et musettes sur les couchettes, puis grimpèrent sur le pont supérieur.

« Tu vois le Pom-Pom là-bas », dit Maurice en pointant le canon multitube de 40 mm près de la proue du navire. « Tu me trouveras là-bas. Je vais me faire affecter en tant que canonnier pour le voyage. »

« Bonne chance. Je vais te garder une place sous le pont juste au cas. »

« Peut-être que je devrais te garder une place lorsque tu ramperas jusqu'ici pour avoir de l'air », répliqua-t-il.

Quelques jours plus tard, après le chargement de tous les soldats et de l'équipement, Jean-Pierre sentit le grondement sous les ponts tandis que les turbines à vapeur du S.S. Antonia répondaient aux signaux provenant du pont du navire. Les débardeurs défirent les amarres de la proue et de la poupe du navire du quai, puis saluèrent les soldats qui bordaient les ponts au moment où le S.S. Antonia quittait son poste d'amarrage. Ils partirent dans un convoi qui incluait leur vieil ami, l'Empress of Australia. Jean-Pierre regarda la côte qui s'estompait et s'émerveilla de la beauté pure des collines accidentées et sombres, et des montagnes plafonnées de nuages. *Un endroit merveilleux, mais Dieu merci, nous le quittons.*

À la tombée de la nuit, la plupart des hommes retraitèrent vers leurs couchettes, mais quelques-uns restèrent sur le pont, dont Maurice. Portant son casque et tous les vêtements pour temps froid qu'il possédait, il s'installa dans le siège de canonnier derrière les canons de 40 mm à la proue. Il plaça une grande quantité de biscuits sodas en lieu sûr près de sa gourde remplie d'eau, attacha le harnais et ferma les yeux, content de son choix d'hébergement.

Lorsque le S.S. Antonia atteignit les eaux libres, le vent accéléra et la douce houle de l'océan se transforma en imposants murs d'eau. Le navire escaladait d'énormes vagues, se balançait brièvement à leur crête et se berçait légèrement de côté avant de plonger dans l'envers de la vague pour rencontrer un autre mur d'eau qui approchait. La mer jaillissait par-dessus la proue, inondant le pont et emportant les articles lâches vers les côtés. Maurice, fermement fixé à son harnais, était assis courbé derrière les canons, cherchant le peu de protection que son poste lui offrait contre les intempéries.

Lorsque la tempête prit fin après quelques jours, Jean-Pierre s'aventura sur le pont pour fuir l'odeur persistante de vomi qui imprégnait les ponts inférieurs. Il trouva Maurice encore assis au canon antiaérien.

« Je t'avais dit que je serais mieux sur le pont », dit Maurice lorsqu'il vit le visage pâle de son ami. « De l'air frais, des biscuits sodas et de l'eau, voilà tout ce dont tu as besoin. »

À la mention de nourriture, la nausée de Jean-Pierre réapparut. Il couvrit sa bouche avec sa main, puis courut vers la rambarde.

Le S.S. Antonia quitta le turbulent océan Atlantique Nord et entra dans les mers intérieures près de la côte ouest de l'Écosse, talonné par un hydravion à coque Sunderland de l'escadre 246 de la RAF établie à l'île d'Islay située à proximité. Ils approchèrent le canal du Nord de la mer d'Irlande, une étroite ouverture de 10 miles entre l'Irlande et l'Écosse. Jean-Pierre resta sur le pont, l'air frais le soulageant de son inconfort précédent. Il remarqua que les observateurs du navire scrutaient l'horizon et réalisa que le danger était toujours présent dans les eaux et les ciels libres.

« Avez-vous repéré des Allemands ? », demanda Jean-Pierre.

« Pas encore, répondit le marin, mais ils sont là. Il y a quelques semaines, des sous-marins allemands et des bombardiers Focke-Wulf Condor ont coulé des navires pas très loin d'ici. »

Le S.S. Antonia parcourut le canal sans incident, puis prit la direction de l'estuaire de la Clyde. Un Fusilier féru d'histoire et de géographie de l'Écosse pointa certaines des attractions qu'ils passèrent.

« L'île au loin c'est Ailsa Craig. Le granite de ses carrières est utilisé pour fabriquer les pierres de curling. »

« Je ne savais pas qu'ils frisaient les cheveux avec des pierres », blagua un autre soldat, donnant lieu à des rires et à quelques regards perplexes.

Fasciné par la merveilleuse côte écossaise, Jean-Pierre emprunta des jumelles à un marin qui avait quitté son poste d'observateur. Des châteaux centenaires magnifiques, des petits villages et des parcours de golf apparurent dans ses lentilles tandis qu'ils passaient à côté des villes d'Ayr, de Prestwick, et de Troon.

Le S.S. Antonia entra dans l'estuaire de la Clyde menant au port de Gourock, passant devant Little Cumbrae et Great Cumbrae, les deux îles qui gardaient l'entrée du canal. Les soldats étaient alignés sur les ponts, anxieux de mettre le pied sur le terme ferme. Une fois passée la ville de Donon, un petit remorqueur robuste les guida. Les soldats regardèrent avec émerveillement le nombre important de transports et de navires militaires ancrés dans le port.

« On dirait qu'une guerre fait rage », blagua un Fusilier.

Le 3 novembre 1940, le S.S. Antonia accosta au port de Gourock, en Écosse. La plupart des soldats descendirent l'appontement sur des jambes chancelantes, l'estomac vide et prêts à oublier cette partie du voyage. Cependant, Maurice débarqua comme si de rien n'était, se sentant fier de sa capacité à avoir enduré la traversée qui avait grandement ennuyé ses compagnons.

À partir du port, les régiments marchèrent vers la gare de train de Gourock située à proximité. Au début de la soirée, ils embarquèrent à bord d'un train de soldats à destination d'Aldershot, à 500 miles dans le sud de l'Angleterre.

Port de Gourock, en Écosse, au cours de la Seconde Guerre mondiale. *La bibliothèque de Gourock.*

Chapitre 6
Aldershot, Angleterre
Novembre 1940 à décembre 1940

Jean-Pierre et Maurice regardèrent à travers les fenêtres du train la campagne écossaise verdoyante. Les collines arrondies, les arbres et les villages de bungalows en pierre au charme vieillot présentaient un fort contraste avec le paysage aride de l'Islande.

« Lorsque nous obtiendrons une permission, j'aimerais revenir dans cette région. Elle me rappelle les Laurentides », indiqua Maurice.

Ils passèrent par Glasgow, une grande ville tentaculaire dont les blocs de maisons, les usines, les parcs et les zones commerciales sont parfaitement disposés. Le coucher du soleil et le ballotement du train endormirent bientôt la plupart des soldats épuisés. Le train voyagea pendant la nuit en faisant des arrêts occasionnels sur les voies d'évitement pour permettre aux trains en direction du nord de passer. Le lendemain, avec encore sept heures à faire à leur périple, les hommes se gardaient occupés en parlant, en jouant aux cartes, en mangeant et en regardant la campagne défiler.

Ils arrivèrent à la ville d'Aldershot dans l'après-midi du 4 novembre 1940. À partir de la gare de train, ils marchèrent sur une courte distance vers la garnison militaire étendue. Les Fusiliers se mirent à chercher leurs couchettes et à ranger leur équipement dans les casernes Talavera. Construites en 1859, les casernes qui logeaient les Canadiens comprenaient deux immeubles de trois étages défraîchis ayant besoin d'un bon nettoyage et d'une nouvelle couche de peinture. Il y avait dix chambres sur chaque étage et chaque chambre logeait 25 hommes. La lumière tamisée et un petit foyer au charbon ajoutaient à l'apparence déprimante et à l'humidité des chambres.

« Crisse ! », indiqua Maurice. « Ces casernes sont anciennes. »

« Elles sont quand même vraiment mieux que nos tentes en Islande », répondit Jean-Pierre.

Cette nuit-là, tandis que Jean-Pierre était couché dans son lit, pour la première fois depuis son départ de Montréal, il entendit les sirènes de raid aérien et le son lointain des bombardements. *C'est la réalité*, pensa-t-il. Reconnaissant d'avoir un toit au-dessus de sa tête et un lit qui ne branlait pas, il s'endormit profondément.

Le lendemain, le régiment sortit pour effectuer des exercices. La taille du camp, y compris les casernes, les salles de mess, les terrains de parade et son étendue d'autres édifices militaires impressionna les Canadiens. La garnison, qui hébergeait plus de 100 000 soldats britanniques et du Commonwealth, comprenait plus 35 casernes distinctes.

Les Fusiliers n'avaient pas le temps de se reposer. Des exercices d'entraînement, des combats simulés et des manœuvres contre les soldats britanniques occupaient leurs journées. Pendant un exercice, Maurice se prépara pour une embuscade des Britanniques en se cachant dans les branches d'un grand arbre qui se déployait au-dessus d'une route étroite. Tandis que les véhicules ennemis passaient sous lui, il lâcha une grenade de pratique non létale dans une jeep transportant un officier. La grenade explosa avec une détonation assourdissante blessant l'orgueil de l'officier britannique.

Les pitreries de Maurice contre les Britanniques continuèrent. Pendant une manœuvre de nuit, il découvrit où les provisions de l'unité britannique se trouvaient. Les Canadiens volèrent un camion et l'utilisèrent pour dérober les provisions de l'unité britannique. Le lendemain matin, lorsque les Britanniques furieux découvrirent la nourriture manquante, dont leur thé adoré, ils firent appel à un arbitre. L'arbitre et un officier britannique de l'unité dupée arrivèrent au camp des Fusiliers peu après l'aube.

« Putain, qu'est-ce que vous croyez que vous faites ? », beugla l'arbitre à Maurice et aux autres coupables. « Ça ne se fait tout simplement pas de piquer les provisions d'une autre unité. »

Les hommes firent les idiots et répondirent en français pour plaider leur innocence.

« Foutus colons indisciplinés déloyaux », marmonna l'officier. « Ramenez ces foutues provisions maintenant ou vous serez tous mis aux travaux forcés. »

Maurice et ses amis gloussèrent en regardant l'officier furieux partir en vitesse, laissant l'arbitre s'occuper des Fusiliers.

Aldershot offrait de nombreux divertissements pour tenir les hommes occupés pendant leurs temps libres, dont les terrains de sport, les cinémas, les cantines, les magasins, les pubs, les bibliothèques et une abondance de femmes. Les Canadiens mirent très peu de temps à s'emparer de la ville et à développer des amitiés avec les citadins.

Les Fusiliers reçurent une permission spéciale de dix jours le 19 novembre. Malgré le charme de l'Angleterre, Jean-Pierre et Maurice décidèrent de retourner en Écosse. Ils empaquetèrent leurs sacs, signèrent le registre de départ des casernes, puis marchèrent jusqu'à la gare de train à proximité pour rejoindre d'autres membres de leur régiment en permission. Ils rencontrèrent Arthur qui s'en allait à Inverness. Lors d'une partie de cartes quelques jours plus tôt, Arthur avait perdu tout son salaire et ne pouvait pas partir en permission. Le gagnant de la partie de cartes offrit à Arthur de payer son voyage vers Inverness s'il acceptait de faire ses corvées. Toujours opportuniste, Arthur refusa de laisser sa fierté lui enlever la possibilité de quitter la base ; il accepta donc d'être le serviteur personnel du soldat.

« Hé », cria un Fusilier qui regardait Arthur peiner avec deux musettes. « Lorsque tu les auras mis dans le train, pourrais-tu être un bon garçon et t'occuper du mien ? »

« Pour un livre, je m'en occupe et je vais cirer tes bottes », répondit Arthur.

« Vous savez quoi? Le casse-pieds le fera probablement », indiqua le Fusilier tandis que le groupe regardait Arthur.

Deux heures plus tard à Londres, Jean-Pierre et Maurice changèrent de train à la gare de Kings Cross. Le train en direction de Glasgow, qui transportait un amalgame de civils et de personnel militaire, fit quelques arrêts le long du trajet. À une station, quelques jeunes filles embarquèrent et s'assirent en face des soldats.

« Bon matin mesdemoiselles. Je m'appelle Maurice. Comment allez-vous ? »

Elles rirent nerveusement. « Quel accent charmant. D'où venez-vous ? », demanda l'une des filles.

« Nous sommes des Canadiens français envoyés en Angleterre pour vous protéger contre l'invasion allemande », indiqua Jean-Pierre en souriant avant que Maurice ne réponde. « Je m'appelle Jean-Pierre. »

Fascinées par les charmants jeunes étrangers en uniforme, les filles rirent et draguèrent les deux Fusiliers jusqu'à ce que le train atteigne la destination des jeunes femmes. Tandis que le train quittait la station, les hommes saluèrent puis s'installèrent confortablement dans leurs sièges pour discuter des attributs physiques des filles. Lorsque leur enthousiasme s'estompa, Maurice s'assoupit tandis que Jean-Pierre regardait avec un regard aveugle à travers la fenêtre. *Il y a seulement six mois, j'étais à Montréal et je travaillais au garage de mon oncle. Valcartier, Islande, Angleterre, et maintenant je suis en Écosse à 3 000 miles de la maison.* Il hocha la tête avec stupéfaction en pensant à la voie que le destin lui avait fait emprunter. *Où cela prendra-t-il fin ?*

À Glasgow, ils trouvèrent une chambre au YMCA. Ils s'affalèrent sur leurs lits, se sentant étrangement fatigués à la suite de l'inactivité de la journée. Le lendemain après avoir visité la ville, ils retournèrent au YMCA. Ils relaxèrent au salon et Maurice pratiqua son anglais en lisant des articles à Jean-Pierre tirés du Glasgow Herald.

« Avez-vous trouvé ça intéressant ? », dit une jeune fille assise tout près.

« Pardon ? », questionna Jean-Pierre en se tournant vers la fille. Ses longs cheveux bruns encadraient un joli visage ovale.

« Ce que votre ami vient de lire sur les espions allemands en Angleterre. »

« Je présume. Mais il ne le lit que pour pratiquer son anglais et je l'aide. »

« Quelle langue parle-t-il normalement ? »

« Français. Nous sommes de Montréal, une ville au Canada, et c'est principalement français là-bas. Je m'appelle Jean-Pierre et voici Maurice. » Maurice hocha la tête.

« Bien, comment allez-vous ? Je suis Margaret et voici ma sœur Kathy. »

Une jolie jeune fille avec de courts cheveux bouclés approcha.

« Kathy, voici Jean-Pierre et Maurice du Canada », dit-elle. « Maurice suivait des leçons d'anglais lorsque je l'ai brutalement interrompu. » Maurice et Jean-Pierre rirent.

« Aimeriez-vous vous joindre à nous pour manger un morceau ? », demanda Jean-Pierre.

« Avec plaisir », répondit Kathy sans hésitation.

Les filles les emmenèrent à un petit pub où ils passèrent le reste de l'après-midi à bavarder.

« Aimeriez-vous aller danser au Y ce soir ? », demanda Margaret juste avant de partir.

« Avec plaisir », répondit Maurice en imitant Kathy.

Ce soir-là, lorsque la danse prit fin, les filles insistèrent pour que les hommes quittent leurs chambres au YMCA et restent à la pension de famille de leurs parents où ils seraient plus confortables. Les hommes acceptèrent, ramassèrent leurs musettes et libérèrent leurs chambres au YMCA. En déambulant dans la ville, Jean-Pierre discutait avec les filles tandis que Maurice essayait de suivre la conversation. Quelques blocs plus loin, ils arrivèrent au 40, rue Argyle, près de la rivière Clyde.

« Merveilleux », indiqua Mme Lyon après que Margaret lui eut raconté l'histoire. « Nous ne pouvons pas vous laisser dormir au YMCA, n'est-ce pas? Il y a beaucoup de place ici. Nous vous installerons en moins de deux. »

« Bien maintenant, qui avons-nous ici ? », indiqua M. Lyon sur un ton tonitruant lorsqu'il arriva à la maison plus tard dans la soirée. « On dirait que nous avons été envahis par les Canadiens, si je ne m'abuse. »

Un vétéran de la Première Guerre mondiale, M. Lyon travaillait comme agent de police dans la ville de Glasgow et connaissait les uniformes des armés du Commonwealth après avoir fait la rencontre de soldats bruyants et indisciplinés.

« Ces jeunes hommes resteront en pension chez nous, mon chéri. »

« Génial », répondit M. Lyon. « Où se trouve votre base les garçons ? »

« Aldershot », répondit Jean-Pierre.

« Laisse ces garçons manger un morceau avant de leur poser d'autres questions », ajouta Mme Lyon.

Entre deux cuillérées d'une copieuse soupe au poulet, Jean-Pierre expliqua le voyage qui les avait amenés à Glasgow, y compris la ressemblance entre la jolie campagne écossaise et leur coin de pays.

« Vous avez sans aucun doute remarqué les autres jolies ressources de l'Écosse », répondit M. Lyon avec un pétillement dans l'œil.

M. Lyon éclata de rire en voyant l'expression perplexe de Jean-Pierre.

« Mon garçon, tu dois avoir remarqué les jolies filles tout autour, y compris les deux assises ici. » Il rit tandis que ses filles protestaient contre le commentaire effronté de leur père.

Après avoir fini de manger, M. Lyon les amena au salon. « Les gars, avez-vous déjà bu du whisky écossais de single malt Laphroaig ? »

« Non, monsieur », dirent-ils à l'unisson en hochant leur tête.

« Bien, ce splendide élixir provient de la distillerie Laphroaig située à Port Ellen sur l'île d'Islay », expliqua-t-il sur un ton révérencieux.

« N'avons-nous pas longé l'île d'Islay en approchant de l'Écosse ? », demanda Jean-Pierre.

« Oui, vous l'avez. » Il versa trois doigts de scotch dans un élégant verre en cristal.

Après un verre, Jean-Pierre alla se coucher. Il dormait si profondément qu'il ne se réveilla pas quand Maurice trébucha dans la chambre, plusieurs verres plus tard.

Les hommes restèrent à la maison de pension de la famille Lyon pendant le reste de leur congé. Maurice visita les fermes et les villes avoisinantes avec Margaret qui trouvait son accent français et son anglais cassé charmants. Kathy adorait Jean-Pierre et insistait pour l'escorter autour de Glasgow afin de lui montrer les attractions. Le soir, ils allaient au cinéma et à des danses. Bien que le jeu de pied de Jean-Pierre ne fut pas très subtil, il avait une très bonne oreille musicale et il aimait chanter. Un soir, tandis qu'ils étaient tous dans la cuisine des Lyon, Jean-Pierre commença à chanter *Begin the Beguine*, l'une de ses chansons préférées. Lorsqu'il termina, les Lyon applaudirent tandis que Maurice se moqua de la spontanéité de son ami. Le reste de la soirée tourna en festival de chant tandis qu'ils chantaient, riaient et buvaient du whisky.

Après dix jours, Maurice et Jean-Pierre regrettèrent de devoir partir. Après beaucoup d'accolades et d'embrassades, la famille Lyon fit ses adieux, en insistant pour que les deux Fusiliers reviennent lors de leur prochain congé. Pour montrer leur appréciation de l'hospitalité de leurs hôtes écossais, ils donnèrent aux Lyon leurs coupons de ration pour le beurre et les œufs, des cartouches de cigarettes et les boîtes de sucre qu'ils transportaient dans leurs musettes.

Lorsqu'ils arrivèrent au camp, leur sergent-major leur dit d'enlever leur insigne d'ours polaire de l'Islande de leurs uniformes.

« Ordres régimentaires », indiqua-t-il en voyant les regards déconcertés sur leurs visages. « À des fins de sécurité, nous devons la remplacer par un rectangle bleu identifiant notre régiment comme faisant partie de la deuxième division canadienne. »

« Quelle est la raison de sécurité, Sergent-major ? », demanda Jean-Pierre.

« Les Britanniques ne veulent pas que ça se sache que nous avons quitté l'Islande. C'est parce qu'ils croient que les Boches réaliseront que l'Islande est plus faible, parce que nous sommes partis ou que l'Angleterre est plus faible parce que nous sommes ici. » Il rit de sa propre blague, puis s'en alla.

Certains membres du Régiment Royal du Canada et des Fusiliers refusèrent d'enlever leurs insignes. La révolte ne dura pas longtemps et l'insigne d'ours polaire disparut bientôt de leurs uniformes.

Incapables de vaincre la RAF dans la bataille d'Angleterre en octobre, les forces aériennes de l'Allemagne passèrent aux attaques soutenues sur les villes, les ports et les centres industriels de l'Angleterre, tentant de bombarder le pays jusqu'à sa capitulation. Un jour, un ronronnement distant attira l'attention d'Arthur tandis qu'il franchissait l'entrée du camp en direction des casernes.

« Qu'est-ce que c'est putain ? », demanda-t-il au garde à l'entrée.

« Juste la visite régulière des Boches. Si tu regardes vers l'ouest, tu peux arriver à les distinguer. »

Arthur regarda dans la direction indiquée par le garde et aperçut de petites taches foncées dans le ciel bleu pâle.

« S'en viennent-ils ici ? »

« Improbable. Un bombardier seul est venu il y a quelques semaines. Il était probablement perdu. Il a tiré sur le camp, tuant trois de vos gars et blessant environ 30 autres soldats. Ils se dirigent probablement vers Londres. »

Tandis que les avions allemands approchaient du camp, Arthur put distinguer leur nez en bulle typique.

« Ce sont des Heinkel cent-onze. »

« Tu as raison. »

La formation tourna et s'éloigna lentement d'Aldershot ignorant la garnison militaire étendue. Plus tard ce jour-là, Arthur entendit parler d'un raid de bombardiers allemands qui avait gravement endommagé la zone portuaire.

Non seulement les Allemands aspergèrent-ils l'Angleterre de bombes, mais ils firent aussi sentir leur présence grâce à leur émission de radio de propagande de langue anglaise, *Germany Calling.* L'émission tentait de démoraliser la population britannique et les soldats du Commonwealth stationnés en Angleterre à l'aide de rapports sur les pertes des Alliés. Dans les casernes, Arthur écoutait régulièrement les radiodiffusions, intrigué par les connaissances des conditions locales de l'annonceur.

« Jairmany Calling, Jairmany Calling », disait l'annonceur anglais dans une voix nasale distincte. L'annonceur poursuivit en signalant le nombre de pertes des Alliés, les aéronefs abattus et les navires perdus aux mains des Allemands.

« Bonjour aux membres de la deuxième division canadienne à Aldershot », continua Lord Haw Haw.

Arthur leva brusquement la tête en entendant l'annonceur mentionner le nom de sa division.

« Si vous planifiez de rencontrer votre petite amie à l'horloge de la ville, veuillez noter qu'elle a 15 minutes de retard. »

Les bras d'Arthur lui tombèrent. *Comment savait-il ça ?*

« Les Anglais pourraient tous nous faire une faveur en donnant à tous les braves jeunes Canadiens des motocyclettes », indiqua Lord Haw Haw. « Ça nous épargnerait le coût de devoir vous abattre, car nous savons que vous vous tuez en conduisant sur les routes anglaises. »

Arthur secoua la tête incrédule. *Comment s'était-il procuré toute cette information ? Où est-il et pourquoi est-ce que ce foutu angliche travaille pour les Allemands ?*

Pendant ses temps libres, Jean-Pierre parlait avec plusieurs soldats britanniques qui avaient combattu les Allemands en France et en Afrique du Nord. Ces discussions avec des vétérans chevronnés relativisaient les choses pour Jean-Pierre. Même s'il avait participé à des combats simulés pendant les exercices avec son régiment, ailleurs, de jeunes hommes comme lui avaient combattu et étaient morts dans de vrais combats. Il admirait les exploits et le courage des vétérans britanniques et espérait avoir l'occasion de faire pareil.

Caserne de Talavera à Aldershot, Angleterre. *Musée militaire d'Aldershot.*

Intérieur de la caserne de Talavera à Aldershot, Angleterre. *Musée militaire d'Aldershot.*

Jean-Pierre (à gauche), Kathy Lyon (second à gauche), Maurice (troisième de la gauche) et autres membres de la famille de Lyon. Glasgow, Écosse. *Avec la permission de Maurice Jolicoeur.*

Jean-Pierre (à droite) avec les membres de la famille de Lyon. Glasgow, Écosse. *Avec la permission de Maurice Jolicoeur.*

Chapitre 7
Cove, Angleterre
Décembre 1940 à juin 1941

À la fin de décembre, les Fusiliers empaquetèrent leur équipement et partirent pour les casernes de Cove, situées à huit miles au nord-ouest d'Aldershot. Même s'il était beaucoup plus petit qu'Aldershot, le camp pouvait facilement accueillir le régiment. Les hommes occupaient les casernes Guillemont, récemment libérées par les Highlanders de Calgary. Un système de chauffage central dans les casernes offrait un changement plaisant par rapport à l'humidité et au froid de Talavera.

Jean-Pierre reçut une permission de 48 heures pour Noël — pas assez de temps pour une escapade rapide afin de visiter les Lyon. Il décida donc de se joindre à un groupe de Fusiliers qui allaient à Londres. Lorsqu'il arriva dans la ville, l'étendue et l'intensité de la destruction stupéfièrent Jean-Pierre. Les squelettes noircis des immeubles ravagés par les incendies présentaient un contraste extrême par rapport aux immeubles épargnés. Il marcha à côté d'énormes monticules de décombres où une maison détruite par l'explosion d'une bombe se trouvait jadis. Il contourna les profonds cratères dans les routes qui exposaient les entrailles anéanties de l'infrastructure des conduites d'eau, des gazoducs et des lignes électriques de la ville. Les civils, les policiers et le personnel militaire vaquaient tous à leurs occupations en esquivant les débris dans les rues, apparemment inconscients des dommages causés par les bombardiers allemands. Ce soir-là, le son strident des sirènes de raid aérien l'envoya du confort de son lit à l'abri le plus près.

Pendant son entraînement au Canada, la guerre lointaine en Europe ne voulait pas dire grand-chose. Il percevait l'entraînement qu'il avait suivi à Montréal et à Valcartier comme le prolongement des jeux de guerre auxquels il jouait dans sa jeunesse. L'Islande ajouta un sentiment de réalisme, car il était en terre étrangère, chargé de garder des ports de mer et des villes. Cependant, l'Angleterre transforma ses jeux en réalité avec ses pannes d'électricité nocturnes, ses villes bombardées et ses armées constituées de différentes nationalités.

Le lendemain, il retourna à Cove tandis que les images sombres de Londres le préoccupaient, bloquant toutes les pensées à l'égard de son premier Noël à l'extérieur de la maison.

L'entraînement des Fusiliers se poursuivit sans interruption pendant l'hiver humide anglais. Les chutes de pluie constantes laissaient les hommes saturés et transis. *Cela bat l'Islande à son pire,* pensa Jean-Pierre en agrippant son fusil de ses mains engourdies tandis qu'il se frayait un chemin à travers les broussailles mouillées à la recherche de l'ennemi. Pluie ou soleil, chaque dimanche sa compagnie marchait huit miles jusqu'au stand de tir d'Aldershot pour pratiquer le tir sur cible, puis marchait huit miles pour retourner à Cove. Heureusement, les hommes avaient reçu une deuxième tenue de combat et une autre paire de bottes leur permettant de rester raisonnablement au sec.

Le 21 février 1941, Jean-Pierre partit avec Maurice pendant un congé de neuf jours, leur destination étant la résidence familiale des Lyon à Glasgow. Même si leur dernière visite datait de trois mois, Mme Lyon les accueillit chaleureusement.

« Quel plaisir », dit-elle affichant un large sourire en s'approchant et en les étreignant tous les deux. « Entrez. Vous devez être affamés après votre voyage. J'ai de délicieuses tartes écossaises au mouton que vous adorerez. »

Tandis qu'ils suivaient Mme Lyon, Maurice et Jean-Pierre se regardèrent et grimacèrent.

« Notre préférée », s'exclama Jean-Pierre.

Lorsque les filles arrivèrent, Margaret et Kathy étreignirent leurs partenaires de danse avec plaisir. M. Lyon insista pour qu'ils prennent un verre de whisky avant le souper pour célébrer le retour des garçons. Bientôt, un verre en appela un autre et le repas du soir se transforma en une longue soirée interminable remplie de rires, de chansons et d'autres verres de Laphroaig.

Pendant leur séjour de neuf jours, M. Lyon emmena les garçons à son pub préféré pour prendre un verre. Fier de ses Canadiens, il voulait les présenter à ses amis. Ils jouèrent au billard et bien qu'il eut été un joueur beaucoup plus accompli qu'eux, M. Lyon les laissa gagner quelques parties. Ils quittèrent le pub tard ce soir-là, Jean-Pierre et Maurice supportant M. Lyon tandis qu'ils chantaient sur le chemin du retour.

Jean-Pierre allait à des danses et au cinéma, et faisait de longues promenades dans Glasgow avec Kathy. Les journées semblaient s'envoler. Elle était sa première petite amie et il se demandait où leur relation allait les mener. Leur congé se termina bien trop tôt et après les adieux douloureux des filles, Maurice et Jean-Pierre partirent pour prendre le train en direction de Cove. Pendant le trajet en train, Jean-Pierre sonda Maurice à propos de sa relation avec Margaret.

« L'aimes-tu ? »

« Bien sûr que je l'aime. Pourquoi demandes-tu ? »

« C'est toi qui m'a dit que tu allais marier Pierrette et fonder une famille. »

« C'est vrai et je vais le faire. Mais c'est toi qui m'as dit de ne pas regarder trop loin dans l'avenir. » Maurice ria en pointant du doigt Jean-Pierre. « Donc tant qu'à être ici, je vais m'amuser. Lorsque je reviendrai à maison, je vais tout dire à Pierrette sur Margaret et les autres jeunes filles que nous rencontrons. Et qu'en est-il de toi et de Kathy ? »

« Bien, je l'aime beaucoup, mais... »

« Mais quoi ? », interrompit Maurice, impatient d'entendre la révélation de son ami.

« Je ne suis pas sûr d'être prêt à m'engager comme tu as fait avec Pierrette. »

« Fais-moi confiance, lorsque tu rencontreras la bonne, tu le sauras. »

Les hommes retournèrent au camp pour une autre dose d'entraînement et de température misérable. Parfois, la pluie tombait en rafales, inondant leurs tranchées et trempant leur équipement. Les soldats peinaient dans la boue et l'eau vers leurs objectifs en se demandant pourquoi quelqu'un voudrait combattre dans de telles conditions misérables.

Le matin du 25 mars 1941, le sergent-major rassembla la compagnie A sur le terrain de parade.

« Aujourd'hui il n'y aura pas d'entraînement. »

Les hommes restèrent silencieux ne sachant pas à quoi s'attendre.

« Plutôt, vous vous préparerez pour une inspection à 1100 heures. Je veux voir mon reflet dans vos bottes et vos boutons en cuivre, et le pli dans vos uniformes aussi coupant que des rasoirs. Est-ce clair ? »

« Oui Sergent-major ! »

« Demain, vous serez sur le terrain de parade pour l'inspection par Sa Majesté Royale le Roi d'Angleterre, et vous serez la compagnie la plus élégante de son armée ! »

Le 26 mars, le régiment se rassembla sur le terrain de parade prêt à recevoir la famille royale. Pour reconnaître l'engagement du Canada envers l'Angleterre, le Roi George VI et sa femme Lady Elizabeth Bowes-Lyon acceptèrent de visiter les soldats canadiens à Cove. Le roi prit le temps d'inspecter les formations et s'arrêta pour parler à plusieurs soldats tandis qu'il marchait. Lorsque le roi passa devant Jean-Pierre, il sourit puis avança sans arrêter. *Le roi d'Angleterre vient de me regarder. Le foutu roi d'Angleterre à qui j'ai fait serment d'allégeance à Montréal.*

De transport universel de la 2e Division d'infanterie canadienne prenant part à un affichage de Bren gun. 6 Juin 1941 (probablement Cove ou Lewes). *Canada. Ministère de la défense nationale / Bibliothèque et Archives Canada/ PA-177144.*

Le roi George VI et la Reine à Cove, mars 1941. Inspection des soldats canadiens. *Cent ans d'histoire d'un Régiment canadien-français Les Fusiliers Mont-Royal 1869-1969.*

Chapitre 8
Lewes et Blackwater, Angleterre
Juillet 1941 à septembre 1941

À la fin de juin, toute la deuxième division canadienne déménagea dans le sud de l'Angleterre pour remplacer les soldats britanniques qui gardaient la zone côtière. Les commandants canadiens accueillirent la nouvelle affectation en sachant que le changement de décor et de routine mettrait fin à la monotonie et à la frustration croissantes de leurs hommes causées par l'entraînement constant. Les Fusiliers eurent la responsabilité de la région entourant Lewes, une merveilleuse petite ville nichée dans une trouée de South Downs. Le terrain plat, seulement sept miles au nord du port de Newhaven, fournissait une zone de largage potentielle pour des parachutistes allemands cherchant à soutenir un assaut maritime sur le port.

Pendant la première semaine de juillet, les Fusiliers déménagèrent à Lewes, remplaçant le deuxième bataillon des 14th South Lancashires. Une fois installé, le régiment garda les hommes actifs à l'aide d'exercices d'entraînement, de marches, de messes militaires du dimanche, et de patrouilles de combat sur les South Downs. Lorsque les soldats ne s'entraînaient pas ou ne patrouillaient pas, ils se rendaient dans la ville historique de Lewes pour manger, boire de la bière et se divertir. Pour la première fois depuis leur arrivée en Angleterre, les Fusiliers vivaient en contact direct avec la population anglaise, certains soldats logeant dans la ville même. Jean-Pierre aimait nager et réussit à faire quelques voyages vers la côte où il nageait dans la mer. *Seulement 21 miles séparent Douvres et les allemandes à Calais,* pensa-t-il. *Ça ne sera pas long avant de voir de l'action.*

À la fin de juillet, le régiment reçut l'ordre de déménager. Au début d'août, un convoi de camions arriva. Ronchonnant parce qu'ils devaient quitter une affectation aussi agréable, les Fusiliers empaquetèrent leur équipement, montèrent à bord des camions, et partirent. Les sympathiques Canadiens français s'étaient fait de nombreux bons amis dans la petite ville de Lewes et les citadins étaient désolés de voir le groupe de soldats sympathiques les quitter.

Les camions transportèrent le régiment vers Blackwater, au nord de Cove. Les champs étendus, les régions boisées, les rivières et les petits lacs de la région offraient tout un contraste par rapport au terrain côtier de Lewes. L'entraînement s'intensifia, mais la petite ville offrait peu de choix en matière de relaxation pour les hommes. Après deux mois d'isolation et d'entraînement, les soldats fatigués furent soulagés lorsqu'on leur indiqua de se préparer pour un autre déménagement.

Soldats canadiens près de Lewes, Angleterre.
http://www.laughingfishonline.co.uk/laughingfish_pub_history.html

Chapitre 9
Northease, Angleterre
Septembre 1941 à février 1942

À la fin de septembre 1941, les Fusiliers déménagèrent dans des casernes près de Northease, à une courte distance du petit village de Southease, sur les South Downs. Le camp incluait une salle de danse de bonne taille au Manoir Northease avec un bar et un kiosque à musique. Plus important pour les Fusiliers, un court trajet en voiture sur une route de campagne étroite ou un arrêt en train les ramenait à Lewes.

Du 29 septembre au 3 octobre, Jean-Pierre et son régiment participèrent à l'exercice Bumper. L'exercice anti-invasion dans tout le pays impliqua 250 000 hommes et dura sept jours et sept nuits. Jean-Pierre et son peloton firent bonne figure et la température agréable rendit l'expérience moins ardue. Les officiers remarquèrent le rendement de leurs hommes et l'ajoutèrent aux données qu'ils utilisaient pour suivre la progression des hommes depuis l'enrôlement. Les chances de promotion de Jean-Pierre étaient bonnes. Quelques soirées après Bumper, un Maurice exalté cherchait Jean-Pierre.

« Aujourd'hui, on m'a demandé si je voulais m'entraîner avec des commandos britanniques. »

« Tu me niaises ? »

« Et quand ils auront fini de m'entraîner, je vais aider à entraîner le régiment. »

« Alors, qu'as-tu dit ? »

« J'ai dit oui bien sûr. Je pars demain et je serai parti pendant environ trois mois. »

Jean-Pierre savait que Maurice ne pouvait pas refuser une telle occasion. Il excellait à tout ce que l'armée lui proposait et il était un meneur naturel.

« Prends soin de toi », indiqua Jean-Pierre tandis qu'il étreignait son ami avec une affection véritable.

La relation de Jean-Pierre avec Kathy Lyon devint une victime de ses longues périodes d'entraînement sans congé. Sa dernière lettre lui expliquait qu'elle avait rencontré un autre soldat, un proche ami d'école de son voisinage qui était revenu d'Afrique du Nord. Son rejet blessa son amour-propre, mais la douleur disparut bientôt, perdue dans ses tâches quotidiennes.

L'arrivée d'un autre automne humide et froid signalait la fin d'une année d'entraînement en Angleterre pour les hommes de la deuxième division canadienne. L'augmentation des incidents d'ivresse, de comportement indiscipliné et de cours martiales indiquait l'impatience et la frustration croissantes des hommes. Ils voulaient voir de l'action et aider à vaincre les Allemands, mais les occasions étaient rares. Même si l'Angleterre ne craignait plus d'invasion imminente, les Allemands étaient toujours à l'offensive ailleurs. Hitler continuait son assaut sur l'Union soviétique avec Leningrad assiégée et Moscou attaquée. Le secrétaire général du Parti communiste, Joseph Stalin, pressait l'Angleterre d'envahir l'Europe afin de forcer Hitler à détourner ses troupes du front est. Churchill savait qu'il n'y avait pas suffisamment de soldats formés et d'équipements disponibles en Angleterre et dans les pays du Commonwealth pour soutenir une telle entreprise. Même si les Britanniques avaient reçu du matériel de guerre des États-Unis, Churchill avait été incapable de convaincre le président Roosevelt de se battre contre l'Allemagne. En conséquence, Churchill ordonna des raids de commandos à travers la Manche pour harceler les Allemands et apaiser Stalin.

En décembre 1941, le régiment de Jean-Pierre déménagea au port de Newhaven pour remplacer les Cameron Highlanders afin de défendre le fort souterrain. Cependant, Jean-Pierre resta à Northease avec l'état-major de la compagnie pour travailler sur l'arriéré de la comptabilité du régiment. En raison de ses capacités linguistiques naturelles et de ses compétences en comptabilité acquises à l'école, il aidait à l'occasion le régiment avec les tâches administratives et les traductions de l'anglais au français. Les fins de semaine, il allait danser au Manoir Northease pour passer le temps. Son deuxième

Noël à l'étranger se passa sans événements significatifs, autres que les cartes de Noël qu'il reçut de ses sœurs et de ses parents.

À la fin de décembre, Jean-Pierre trouva Maurice qu'il l'attendait aux casernes manifestent emballé par quelque chose.

« Jean-Pierre », s'exclama-t-il en entourant les épaules de son ami avec son bras. « Nous avons atterri en Norvège et avons combattu les Allemands. »

« Quoi? Quand ? »

« La semaine dernière. C'était incroyable. Je suis parti avec les commandos britanniques. C'était difficile, mais nous avons pris les Allemands par surprise tandis qu'ils célébraient la période des Fêtes. Tous les Norvégiens voulaient revenir avec nous en Angleterre. »

Jean-Pierre écoutait avec stupéfaction. Pendant qu'il célébrait Noël, son ami était parti en guerre. Maurice pouvait à peine retenir son enthousiasme.

« Nous avons atterri à l'aube sur l'île de Vågsøy deux jours après Noël. Le raid comptait 570 soldats, principalement des commandos britanniques accompagnés de quelques Canadiens et Norvégiens. Nous avons attaqué les positions allemandes et avons participé à des combats de maison en maison. »

« Les victimes ? »

« Oui, 17 tués dont 2 Canadiens et 53 blessés. »

Les deux amis discutèrent jusqu'à tard dans la soirée tandis que Jean-Pierre questionnait Maurice sur le raid. Plus tard, lorsque Maurice retourna à Newhaven, Jean-Pierre resta éveillé dans sa couchette tentant de s'imaginer comment les choses avaient pu se passer en Norvège.

Le lendemain soir, il se rendit à la salle de danse. Il entra, s'alluma une cigarette et marcha vers le bar. Des soldats et des jeunes femmes occupaient la salle ; ils dansaient, étaient assis aux tables avec leurs consommations, ou parlaient et fumaient debout en petits groupes. Il contempla la salle et salua quelques filles qu'il connaissait. Puis ses yeux se concentrèrent sur un couple sur le plancher de danse, plus précisément sur une jolie jeune fille aux cheveux brun clair et au sourire radieux qui portait un kilt. Il ne se rappelait pas l'avoir vu à aucune des danses précédentes. La musique prit fin, elle rejoignit une autre jeune fille séduisante, et les deux quittèrent le plancher de danse bras-dessus, bras-dessous. Il continua de regarder les deux filles qui déambulaient. Lorsque le groupe recommença à jouer, deux soldats s'approchèrent d'elles pour danser. Jean-Pierre quitta le bar pour obtenir une meilleure vue de la jeune fille en kilt. Le couple dansait ensemble, ses pieds bougeant facilement avec ceux de son partenaire pendant le Quickstep. Les yeux de Jean-Pierre suivaient tous ses mouvements. Il ne pouvait s'empêcher de la regarder. Pendant qu'elle dansait, ses yeux rencontrèrent les siens pendant un bref instant. Il frémit pendant que l'excitation du moment parcourait son corps. La seconde fois qu'elle passa, il la regarda longtemps et attentivement. La jeune fille lui retourna son regard et Jean-Pierre sentit le sang lui monter au visage. La musique arrêta. La fille quitta son partenaire et rejoignit son amie la prenant à part et faisant un signe de la tête en direction de Jean-Pierre. La deuxième fille regarda dans sa direction, sourit, puis tourna de nouveau son attention vers son amie. Jean-Pierre déposa sa bière et se fraya un chemin à travers la foule en direction de la fille en kilt. Son esprit était rempli de pensées sur la façon de se présenter et sur ce qu'il ferait si elle refusait son invitation à danser. Le doute dans son esprit ralentit sa démarche et il rentra dans une autre fille qui croisait son chemin.

« Aimeriez-vous danser ? », offrit-il, distrait par la collision et cherchant une façon de s'excuser.

« J'aimerais bien, mon pote », répondit la fille.

Pendant qu'ils dansaient, Jean-Pierre jurait en silence sa perte de confiance temporaire. *À quoi est-ce que je pensais, putain ? L'armée m'a entraîné à tuer et j'ai peur d'une fille qui pourrait me dire non.*

La préoccupation de Jean-Pierre à l'égard de cette occasion ratée donna lieu à une danse très guindée et maladroite pour sa partenaire. Une fois la chanson terminée, elle le remercia et partit comme une fusée. Il balaya la salle et remarqua la fille en kilt qui était seule près de la sortie. Elle tenait une cigarette non allumée entre ses livres tandis qu'elle fouillait dans sa sacoche. Lorsqu'il la rejoignit, Jean-Pierre allongea sa main et plaça la flamme de son briquet sous sa cigarette. Surprise, elle leva les yeux, mais ne dit rien.

« Quel est votre nom ? », demanda Jean-Pierre en contemplant ses yeux bleus.

Nerveuse, elle retira la cigarette de ses lèvres. « Mary. » Son visage rougit. « Mary Baker. Et le vôtre ? »

« Jean-Pierre », dit-il en fermant le couvercle de son briquet. « Aimeriez-vous danser ? »

Manoir de Northease, Northease, en Angleterre. *Collection privée.*

Mary Baker, Angleterre. *Collection privée.*

Chapitre 10
Newhaven, Angleterre
Mars 1942 à avril 1942

Au début de mars, Jean-Pierre rejoignit son régiment à Newhaven. Il pouvait difficilement attendre de parler de Mary à Maurice.

« Je ne t'ai jamais entendu parler autant d'une fille, pas même de Kathy », fit remarquer Maurice. Par l'expression sur le visage de Jean-Pierre et la façon dont il parlait d'elle, Maurice sut que Mary était différente. « Maintenant, tu as quelqu'un vers qui revenir », taquina Maurice.

Les choses progressèrent rapidement pour Jean-Pierre et Mary. Il apprit que Mary était dans la Land Army stationnée dans une ferme du Southease. Il rencontra sa sœur Kathleen, ses frères aînés Peter et Leslie, et entendit des histoires sur son frère cadet Michael qui était dans la RAF. Lorsque Jean-Pierre recevait des permissions de fin de semaine, il visitait Mary à la pension de famille de sa mère située à Brighton.

La menace de l'invasion allemande étant maintenant passée et les États-Unis participant officiellement à la guerre contre l'Allemagne, les politiciens, les commandants militaires et les soldats voulaient combattre les Allemands. Poussés par Churchill, les planificateurs militaires examinaient plusieurs options pour débarquer les soldats sur les plages d'Europe.

Les exercices d'entraînement se succédaient à un rythme effréné. Chaque matin avant le petit-déjeuner, Jean-Pierre et sa compagnie marchaient six miles de Newhaven à Brighton et ensuite couraient les six miles pour revenir. Encore plus de course et d'autres exercices d'entraînement suivaient le petit-déjeuner. Ils escaladaient des murs de 10 pieds de haut sans disposer de cordes et rampaient dans la boue sous des barbelés, des salves de mitraillette de vraies munitions étant déchargées juste au-dessus de leurs têtes. Pour ajouter au sentiment de réalisme, les instructeurs pendirent plusieurs membres et viscères d'animaux sur les barbelés pour simuler les pertes sur le champ de bataille. Ils apprirent comment franchir les barbelés en y faisant exploser des brèches ou en lançant leur corps sur le dessus comme un pont. Ils pratiquèrent les débarquements de bateau et escaladèrent les falaises de craie des Sept Sœurs à Birling Gap. Ils prirent part à des combats de maison en maison dans des maquettes d'immeubles où des soldats ennemis et des pièges explosifs attendaient les soldats négligents. Les exercices nocturnes non annoncés tiraient les soldats de leur sommeil, mais quelques minutes plus tard, ils étaient debout à l'extérieur habillés et en formation avec leur peloton.

Le 24 mars 1942, la deuxième division canadienne prit part à un exercice anti-invasion appelé Hill. Il simulait un combat entre les défenseurs côtiers canadiens et une grande force d'invasion allemande interprétée par les soldats britanniques, qui incluait des débarquements de bateau surprise le long de la côte anglaise.

Le 30 mars, Jean-Pierre reçut un insigne de bonne conduite et la semaine suivante une promotion au titre de caporal suppléant. Il célébra avec Maurice en prenant quelques bières tandis qu'ils se rappelaient leurs expériences lors de l'exercice Hill. Maurice regarda autour, puis s'approcha de Jean-Pierre.

« Avant Hill, je m'entraînais avec notre lieutenant-colonel Ménard. Nous étions dans une tranchée et nous préparions à lancer de vraies grenades à une position de mitraillette factice. Ménard prend une grenade, tire la goupille de sécurité et ensuite échappe la grenade. »

« Merde ! Qu'est-il arrivé ? », demanda Jean-Pierre.

« Qu'est-ce que tu penses qui est arrivé? Je n'étais pas pour me tirer sur la grenade. J'ai sauté en dehors de la tranchée tout comme Ménard. Elle a explosé et, heureusement, nous a seulement aspergés de poussière. »

« Ensuite quoi ? »

« Ménard m'a simplement regardé de façon menaçante et a dit : "tais-toi à propos de ça". » Maurice éclata de rire. « Maintenant je te l'ai dit, alors n'en parle pas à tout le monde, car Ménard saura que ça vient de moi et ma carrière dans l'armée sera terminée. »

Lors de ses fins de semaine libres, Jean-Pierre se rendait à Brighton tandis que Maurice fréquentait les pubs avoisinants, conversant facilement en anglais maintenant. Un samedi soir, Maurice rencontra Vieux Tom, un braconnier buriné qui paraissait plus vieux que ses 70 ans. Ils parlèrent jusqu'à tard dans la nuit et échangèrent leurs expériences de chasse en prenant plusieurs pintes de bière. Intrigué par l'art du braconnage, le lendemain Maurice accompagna Vieux Tom dans un domaine privé à proximité. Maurice transportait un sac de jute que Vieux Tom lui avait donné. Une fois aux abords du domaine privé, ils se frayèrent un chemin à travers les bois vers un lieu découvert.

« Tu vois ici », indiqua le braconnier en pointant avec un doigt osseux des trous dans le sol. « C'est où nous trouvons du lapin. » Des crottes de la taille d'un raisin jonchaient le gazon taillé autour des trous. « Ouvre le sac veux-tu. »

Vieux Tom retira plusieurs filets en toile du sac. Chacun avait un long lacet de serrage autour de l'extérieur attaché à une cheville en bois. Il étendit le filet au-dessus du trou le couvrant complètement. Il fixa fermement la cheville dans le sol et fit signe à Maurice de couvrir les autres trous de la même façon. Une fois terminé, Vieux Tom mit une paire de vieux gants en cuir usés, puis fouilla dans la poche de sa veste pour trouver une boîte en bois.

« Voici ma fille », dit-il en sortant un furet noir et blanc. Il caressa sa fourrure doucement, retira le filet de l'un des trous, et déposa le furet anxieux. L'animal disparut dans le trou et Vieux Tom remit rapidement le filet en place.

« Ça ne sera pas long », indiqua-t-il avec un large sourire denté.

Après quelques minutes, un lapin bondit hors d'un des trous. Le lacet de serrage du filet se resserra enveloppant le lapin en détresse. Vieux Tom agrippa le lapin avec ses mains gantées, le tint par le cou et les pattes arrières, puis il tira et brisa le cou du lapin. Le furet réussit à faire sortir deux autres lapins. Une fois satisfait que la garenne fut vide, il plaça des foies de poulet près d'un des trous. Le furet sortit sa tête du trou et dévora sa gâterie.

« Une autre chasse fructueuse, ma fille », dit Vieux Tom en louangeant doucement le furet tandis qu'il la replaçait dans la boîte.

L'expérience du lapin donna le goût à Maurice de chasser le lapin tout seul. Plutôt que d'utiliser des furets et des filets, il choisit une méthode qui convenait davantage à ses compétences actuelles. Il emprunta un fusil Lee-Enfield de calibre .22 au dépôt d'armes et se dirigea vers le club de golf Peacehaven à proximité, un parcours de neuf trous local au bord de la mer. Fermé aux membres et au public depuis le début de la guerre, le parcours offrait le refuge idéal pour les animaux sauvages. Dans l'herbe basse adjacente à l'allée sur le troisième trou à normale 5, il repéra une garenne de lapins qui affichait des traces d'activité récente. Il se positionna derrière une butte gazonnée et attendit. Finalement, un lapin sortit d'un des trous, puis bondit vers un ajonc commun. Il s'arrêta et Maurice tira. Le son du coup résonna sur les collines. Le lapin tomba sur le sol, puis secoua les jambes avant de s'immobiliser. Il le mit rapidement dans un sac et retourna à ses casernes avant que les troupes locales enquêtent sur le bruit. Tandis qu'il marchait à travers les arbres, il admira la vue spectaculaire de la mer. Au loin, il pouvait distinguer le littoral flou de la France. *Je me demande ce que les Allemands font en ce moment. Nous attendent-ils ?* Bien qu'il eut combattu en Norvège, l'ennemi avait été pris par surprise tout comme le lapin. Il soupçonnait que la prochaine fois qu'il les rencontrerait, la situation serait très différente.

« Maurice, selon toi, quand verrons-nous de l'action », demanda Jean-Pierre pendant le souper.

« Plus tôt que tu ne le crois », dit Maurice calmement.

« Que sais-tu que nous ne savons pas ? »

Maurice s'assura que personne n'écoutait leur conversation. « Je suis censé ne rien dire. Tu te souviens de l'entraînement de type commando que j'ai suivi avant la Norvège. Bien, ils veulent que je participe à des entraînements d'assaut et de débarquement pour notre régiment. Je m'en vais sur l'île de Wight à la fin d'avril. Tu m'y rejoindras un peu plus tard. Lorsque notre entraînement sera terminé, nous serons envoyés quelque part. »

« Ça doit être la France », indiqua Jean-Pierre. « Et ce sera probablement quelque part en face de Douvres parce que c'est l'endroit où la distance pour traverser le canal est la plus courte. »

« Ne penses-tu pas que les Allemands le savent aussi? Ils seront prêts et nous attendrons. Je crois que ce sera l'endroit le moins probable. »

Les hommes continuèrent de débattre en retournant à leurs casernes. Ce soir-là, Jean-Pierre se demanda si des soldats allemands de l'autre côté du canal avaient le même genre de discussion.

Sept Sœurs à Birling Gap, près de Seaford en Angleterre. *Collection privée.*

Fantassins des Fusiliers Mont-Royal lors d'un exercice de débarquement, Angleterre, 26 février 1942. *Cpl. O.C. Hutton/Ministère de la Défense nationale/Bibliothèque et Archives Canada/PA-189486*

Fantassins des Fusiliers Mont-Royal lors d'un exercice de débarquement, Angleterre, 26 février 1942. (Seaford). *Cpl. O.C. Hutton/Ministère de la Défense nationale/Bibliothèque et Archives Canada/PA-177145*

Fantassins canadiens lors d'un exercice de débarquement, Seaford en Angleterre. *Lieut. C.E. Nye / Canada. Ministère de la Défense nationale/Bibliothèque et Archives Canada/PA-144598*

Fantassins de la Division d'infanterie canadienne escaladant une falaise à l'entraînement, Seaford en Angleterre. *Capt. Frank Royal/Canada. Ministère de la Défense nationale/Bibliothèque et Archives Canada/PA-213630*

Chapitre 11
Île de Wight, Angleterre
Mai 1942 à juillet 1942

Le 30 avril, Maurice et un petit groupe de soldats quittèrent Newhaven pour suivre un entraînement d'assaut amphibie sur l'île de Wight. L'île en forme de diamant, située à 70 miles à l'ouest de Newhaven dans la Manche, offrait l'isolement désiré pour une grande quantité de péniches de débarquement et de soldats participant à l'entraînement. L'équipe d'avant-garde prit possession des installations d'un centre de nudisme local appelé Woodside près de la ville de Ryde. Le jour suivant son arrivée, Maurice s'assit avec des soldats britanniques en savourant son petit déjeuner composé de bacon et d'œufs.

« Pour le petit déjeuner, tout ce que nous avons c'est du porridge, du pain et du fromage », fit remarquer Maurice à un soldat britannique assis devant lui.

« Mince alors. C'est tout ce que nous avons en permanence et je soupçonne que ça vient du Canada », indiqua le soldat anglais en riant de l'ironie de la situation.

Le 19 mai, Jean-Pierre et plus de 500 Fusiliers empaquetèrent leur équipement et montèrent à bord de camions en direction de Portsmouth sur la côte, en face de l'île de Wight. Tandis que le camion de Jean-Pierre traversait Brighton, il se demanda si Mary était à la maison avec sa mère ou de retour sur la ferme. Le long convoi roula le long de la route rurale sinueuse, traversant des villes et des villages en cours de route. Les camions entrèrent dans la ville de Portsmouth et se rendirent jusqu'aux quais, déjà bondés de milliers de soldats, de porte-mitraillettes Bren, de jeeps et de camions qui attendaient un transport sur l'étroite étendue de mer. En partance du port, les traversiers transportèrent les Fusiliers jusqu'à Ryde. *Lorsque nous aurons terminé ici, la prochaine étape se doit d'être la France,* pensa Jean-Pierre tandis qu'il marchait vers Whitefield Wood, à quelque cinq miles de Ryde. Ils installèrent leurs tentes en plein champ. Maurice et l'équipe d'avant-garde les rejoignirent plus tard dans la journée.

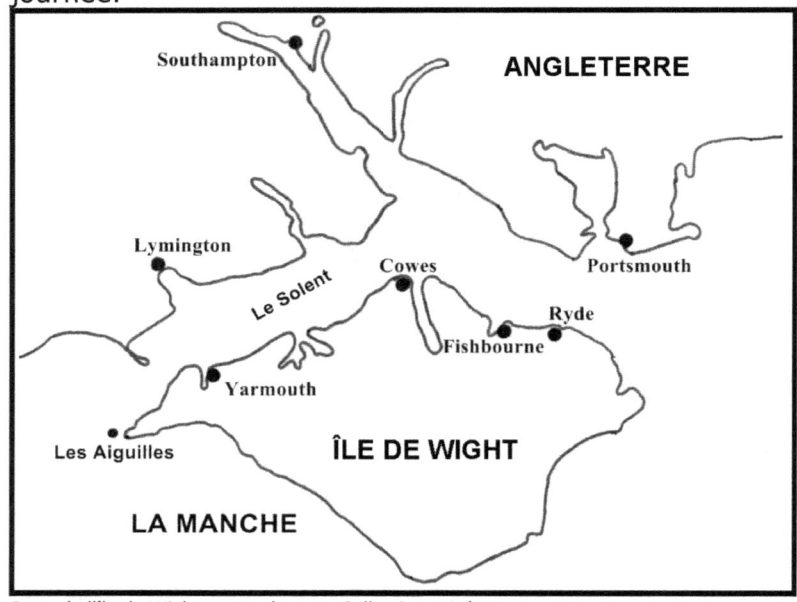

Carte de l'île de Wight, en Angleterre. *Collection privée.*

« Jean-Pierre, tu ne croiras pas ce qui est arrivé il y a deux semaines », dit Maurice tapant avec enthousiasme sur l'épaule de son ami.

« Tu prends toujours part à des aventures », répondit Jean-Pierre. Il continua à ranger son équipement en souriant à Maurice. « Vas-y. Qu'est-ce que c'est cette fois-ci ? »

« J'étais debout sur la plateforme d'observation au-dessus d'un des immeubles, lorsque la sirène de raid aérien retentit. Puis j'ai vu les bombardiers. C'était des Heinkel cent-onze. »

« Comment l'as-tu su ? », indiqua Jean-Pierre maintenant captivé par l'histoire.

« Ils étaient vraiment proches, donc j'ai pu voir la croix noire sur le fuselage vert, le swastika sur la queue, et le Boche sur le cockpit. »

« Merde ! Où s'en allaient-ils ? »

« Je pensais qu'ils allaient nous attaquer, mais ils ont plutôt attaqué Cowes. Il y avait plus de 100 bombardiers et aucun chasseur britannique n'est venu à la rescousse du port. »

« Pourquoi ? »

« Je crois que la RAF a été prise au dépourvu. On nous a dit de ne pas tirer sur les avions, mais ils étaient vraiment bas. »

« Pourquoi ne pouviez-vous pas tirer ? »

« Ils avaient peur que nos douilles tombent et blessent ou tuent des civils. »

« Donc, qu'est-il arrivé à Cowes ? »

« La ville a été touchée, mais ça aurait pu être pire. Il y avait un destroyer polonais qui se trouvait à proximité pour subir un carénage d'urgence. Il a tiré sur les putains de bombardiers et les a forcés à attaquer à plus haute altitude. Il a ensuite lancé un écran de fumée. Il a essentiellement sauvé Cowes à lui seul. »

L'entraînement sur l'île de Wight visait à préparer un débarquement en France. Comme concession à Staline et en réaction à la pression croissante de Roosevelt pour un deuxième front, Churchill approuva l'Opération Rutter. Le raid d'une division sur Dieppe prévu le 22 juin allait démontrer la faisabilité d'occuper un port en France occupée par les Allemands. Environ 5 000 soldats canadiens sur l'île de Wight composaient la force d'assaut pour le raid sur Dieppe. À des fins de sécurité, l'armée mit en quarantaine l'île, empêchant quiconque de partir ou d'arriver. Elle évacua tous les habitants, excepté ceux qui travaillaient dans les entreprises de l'île.

L'entraînement commença immédiatement. Chaque matin, Jean-Pierre transportait tout son barda sur des courses d'obstacles, à travers des tunnels remplis de gaz, et sur un mauvais terrain, des mitraillettes tirant avec de vraies munitions au-dessus de sa tête. Il répétait la course d'obstacles quatre fois chaque matin. À la fin de la journée, il avait aussi parcouru de vrais champs de mines et combattu lors d'exercices de combat à mains nues.

Des bateaux transportaient les soldats aux Aiguilles, une rangée de piles de craie distinctives de 100 mètres de haut surgissant de la mer du côté ouest de l'île. Après avoir sauté de leurs bateaux sur l'affleurement de craie, les hommes tentaient d'escalader les falaises. Maurice, bien préparé en raison de son entraînement avancé, atteignait toujours le sommet le premier et lançait une corde pour aider les autres à escalader la paroi de la falaise.

La prochaine étape de l'entraînement était axée sur les techniques d'assaut, le débarquement et le rembarquement à partir de plages essuyant de vrais tirs. Jean-Pierre pratiquait l'arrivée sur la rive dans une grande péniche de débarquement à fond plat ou des bateaux à moteur armés à grande vitesse, appelés bateaux-R.

Lorsque le bateau-R de Jean-Pierre, transportant 22 autres soldats, approcha de la plage, il entendit une explosion étouffée. Un mur d'eau s'éleva à côté du bateau et trempa ses occupants. Entre les explosions, il pouvait entendre le cliquetis des mitraillettes et le crac sec des balles qui passaient au-dessus de leurs têtes. Le capitaine ralentit les moteurs et arrêta le bateau dans les petits fonds. Jean-Pierre et les autres Fusiliers sautèrent par-dessus bord dans l'eau jusqu'à la taille et pataugèrent jusqu'à la plage. Des obus explosèrent devant eux et des balles soulevèrent les vagues et le sable tandis qu'ils couraient vers leur objectif. Même si ce n'était qu'un entraînement, Jean-Pierre pouvait sentir son cœur battre la chamade. Il sprinta sur la plage et trouva refuge derrière de grosses roches.

« Qu'essaient-ils de faire putain? Nous tuer ? », cria un Fusilier se réfugiant aussi derrière les roches.

Jean-Pierre pensa qu'on pouvait lire la même expression d'incrédulité et de surprise sur son visage.

« J'espère que les Allemands sont d'aussi mauvais tireurs qui nos amis », répondit-il.

Les Fusiliers répétaient les pratiques d'assaut plusieurs fois par jour. Leur seul répit étant pendant les comptes rendus de leur prestation. Jean-Pierre, trempé à l'os et se nourrissant uniquement de sandwichs au bœuf salé, était reconnaissant lorsque le crépuscule lui procurait un repos bien nécessaire.

Les six semaines d'entraînement d'assaut des Fusiliers sur l'île de Wight prirent fin au début de juin. Après beaucoup de délibération, les planificateurs militaires choisirent la côte anglaise à Bridport pour une générale à grande échelle avant l'Opération Rutter. À environ 100 miles au sud de l'île de Wight, la plage, le port et les falaises de Bridport ressemblaient étrangement au paysage de Dieppe.

Le 11 juin à Bridport, l'exercice Yukon simula un débarquement coordonné de 5 000 soldats. Malgré leur entraînement complet sur l'île de Wight, le transport des troupes vers la plage n'eut pas la précision nécessaire pour le raid. Les grandes péniches de débarquement à fond plat transportant les soldats et les chars d'assaut entrèrent en collision pendant leur approche. Certains déposèrent les soldats aux mauvaises plages ou arrivèrent en retard. D'autres arrivèrent sur la plage la poupe en premier, forçant les soldats à sortir de la rampe du bateau vers la mer et dans de l'eau plus profonde que prévue. Ces retards chamboulèrent le calendrier serré de l'exercice, laissant l'opération dans une confusion totale.

« Si nous avions débarqué sur une plage défendue par les Allemands, nous aurions été massacrés », indiqua un officier qui regardait le fiasco.

Après leur compte rendu de l'exercice Yukon, Arthur et son peloton relaxèrent sur la plage de galets de Bridport en fumant des cigarettes. Ils se réjouissaient de la chaleur des rayons du soleil qui frappaient leur tenue trempée. Certains hommes s'étaient dévêtus, ne gardant que leurs sous-vêtements, tandis que d'autres avaient ouvert leurs blouses. Un homme corpulent passa devant eux un cigare dans la bouche et la tête basse. Perdu dans ses pensées, l'homme ne leva jamais la tête et ne salua pas les soldats tandis qu'il passait devant eux.

« Est-ce que c'est Winston Churchill ? », demanda Arthur à ses compagnons.

« Qui ? », répondit un soldat plus intéressé à vider l'eau de ses bottes qu'à regarder quelqu'un marcher sur la plage.

« Putain ! », cria leur sergent-major. « Remettez vos vêtements et ressemblez à des soldats. C'est le foutu premier ministre de l'Angleterre qui vient de passer devant nous. »

Après avoir examiné les résultats de l'exercice Yukon, le général anglais Montgomery, le commandant responsable de toutes les affaires militaires associées à l'Opération Rutter, exprima des doutes quant à la faisabilité de l'opération. Les soldats retournèrent à leurs camps de base. Jean-Pierre, de retour à Newhaven, prit un congé de sept jours et se rendit à Brighton.

Malgré le pronostic pessimiste de Montgomery, les officiers supérieurs conclurent qu'un entraînement additionnel réglerait les défauts de Yukon et que les plans pour l'attaque sur Dieppe devaient être réalisés. Sans Jean-Pierre et d'autres soldats en permission, la force de l'assaut de Dieppe retourna à Bridport pour exécuter l'exercice Yukon II le 23 juin. Des résultats légèrement meilleurs convainquirent les officiers supérieurs de procéder à l'Opération Rutter, l'attaque sur Dieppe étant maintenant prévue le 4 juillet.

Le 27 juin, la deuxième division canadienne réunit 300 officiers pour le briefing sur l'Opération Rutter.

« En plus de ce que vous avez déjà entendu, il y a eu quelques changements depuis notre dernière réunion », annonça l'officier du briefing.

Un murmure se fit entendre dans l'assemblée. Les officiers savaient par expérience que les changements n'étaient jamais en leur faveur.

« Le bombardement préalable au raid de Dieppe a été écarté de peur qu'il cause trop de pertes civiles. »

« Pas s'ils atteignent les foutues cibles avec les munitions », chuchota un officier à son voisin.

« À la place des 150 bombardiers de haut niveau et des quatre escadres de bombardiers de bas niveau prévus, des escadres d'avions de combat ratisseront la plage avec le feu de canons de 20 mm juste avant notre débarquement. »

« N'est-ce pas foutrement merveilleux », chuchota l'officier de nouveau.

« La Marine royale préfère que ses navires de guerre ne soient pas embouteillés dans la Manche étroite où ils présentent des cibles attrayantes pour les sous-marins et les avions allemands. Plutôt, ils fourniront des destroyers et des canonnières pour soutenir le débarquement. »

« Ces enfoirés de jaunes de la Marine royale. Jésus-Christ. Ils nous envoient sur un aller simple », indiqua l'officier.

« Oui, y a-t-il des questions ? »

Malgré une sourde rumeur dans la foule, personne ne répondit.

« Bien alors. Nous avons le feu vert. »

En permission à Brighton, Jean-Pierre prévu comment il traiterait la situation il maintenant face, une situation non couverte par l'un de sa formation. *Comment dire Mary que je l'aime ?* Comme Maurice lui avait dit sur le train en revenant de la maison de la famille Lyon, il le saurait quand ce serait la bonne fille. Il sut lorsqu'il regarda Mary pour la première fois que c'était la bonne et il voulait lui dire à quel point il l'aimait.

Un après-midi, après le thé, ils marchèrent le long de l'esplanade main dans la main inconscients de tous les soldats, les barbelés et les canons anti-aériens sur la plage.

« Vont-ils bientôt t'envoyer à l'étranger ? », demanda Mary.

« Probablement. Je ne crois pas que cet entraînement est seulement pour nous garder en forme. Les hommes veulent voir de l'action et commencent à être frustrés. »

Mary arrêta de marcher et se tourna pour faire face à Jean-Pierre. Elle le fixa pendant un moment. Il sentit la passion dans ses yeux et il ressentit la même chose. Il la prit dans ses bras et l'embrassa. Ils retournèrent lentement à la pension de famille, et à la porte, il l'embrassa encore, mais cette fois-ci plus vigoureusement. Elle enroula ses bras autour de son cou et le tint bien fort. Elle le fixa du regard et ferma lentement ses yeux. Ils restèrent debout pendant un moment pris dans une étreinte serrée.

« Je t'aime », chuchote Jean-Pierre.

Cette nuit-là, après que tous les invités se soient retirés pour la soirée, Jean-Pierre se rendit sur la pointe des pieds dans la chambre à coucher de Mary où il la trouva qui l'attendait. Perdus dans la passion du moment, leurs corps ne faisaient plus qu'un.

« Qu'arrivera-t-il si je tombe enceinte ? »

« Bien, nous nous marierons. »

« Seulement si je tombe enceinte ? » Préoccupée, Mary regarda dans ses yeux brun foncé.

« Bien sûr que non. » Jean-Pierre réprima un sourire et serra son bras de façon rassurante.

Le lendemain matin tandis que les amoureux étaient assis à la table de cuisine de la famille, la mère de Mary était aux petits soins avec eux. « Avez-vous bien dormi cette nuit ? » Elle servit à Jean-Pierre un bol de porridge brûlant. « J'ai entendu beaucoup de bruit, je suppose des avions et ils m'ont tenu réveillé pendant un certain temps. »

Mary regarda son bol, son visage tournant lentement au rouge.

« Je n'ai rien entendu », répondit Jean-Pierre en mettant la serviette sur ses genoux et en prenant sa cuillère.

Jean-Pierre retourna à Newhaven de son congé surpris que certains membres de sa compagnie aient participé à Yukon II.

« Tu n'as rien manqué », indiqua Maurice en consolant Jean-Pierre. Nous avons fait exactement les mêmes choses que lors de Yukon. Mais cette fois-ci la mer était calme, donc au moins les bateaux avaient une meilleure chance d'atteindre leur destination. »

« Nous allons sûrement bientôt en France. »

« Je ne sais pas. Nous avons un autre exercice qui s'en vient appelé Klondike. »

« Pas encore un foutu exercice ? », marmonna Jean-Pierre. « Quand allons-nous voir de l'action? »

Le 3 juillet, les Fusiliers quittèrent leur camp et se rendirent encore une fois à l'île de Wight. À 1600 heures, Jean-Pierre embarqua à bord du bateau à roues à aubes Royal Eagle arrimé à Ryde. Un peu plus tard, le lieutenant-colonel Ménard s'adressa aux Fusiliers.

« Camarades, c'est ce que nous attendons. Demain nous attaquons le port de Dieppe. »

Les hommes poussèrent un hourra. Jean-Pierre était en extase. Ils s'agissaient de l'occasion de démontrer ce qu'ils pouvaient faire, pas seulement à leurs officiers de la deuxième division canadienne, mais également à eux-mêmes.

En plus du Royal Eagle, 236 autres navires attendaient dans des ports et des havres importants le long de la côte anglaise. Rutter mettait en jeu environ 5 000 soldats canadiens, 500 parachutistes, 1 000 pilotes et 2 000 employés de la marine.

Les conditions météorologiques qui se détérioraient et les vents violents dans la zone de débarquement menaçaient l'atterrissage sécuritaire des parachutistes et des planeurs avec les soldats et l'équipement. Les commandants du raid reportèrent Rutter jusqu'aux prochaines conditions de vague favorables le 7 juillet. Une petite force d'avant-garde, y compris Maurice, était à seulement cinq miles de la côte française avant de recevoir l'ordre de rebrousser chemin.

Les navires restèrent dans des ports le long de la côte anglaise, les soldats étant à bord sous et sur les ponts. Le soleil de juillet tapait sur les navires, faisant grimper la température sous les ponts à des niveaux intolérables. Jean-Pierre suait dans la chaleur suffocante et attendait avec anxiété d'entendre le son et de sentir les vibrations des moteurs du navire. *Tabarnak ! Faites que ce foutu navire soit en route afin que nous puissions sortir de ce trou à rats et combattre les foutus Allemands.*

Après plusieurs jours à l'ancre, les avions de reconnaissance allemands détectèrent la flotte réunie dans les eaux près de Cowes. À l'aube le 7 juillet, des bombardiers allemands attaquèrent, touchant deux navires, mais miraculeusement les bombes passèrent à travers les ponts et les coques sans exploser. La découverte par les Allemands de la flotte réunie jumelée aux prévisions additionnelles de vents inacceptables à Dieppe entraîna l'annulation de l'Opération Rutter. Découragés, les officiers des Fusiliers recueillirent des photos, des cartes et d'autres documents liés au raid. Pendant le compte rendu de Rutter, tous les officiers soulignèrent l'importance de se taire à propos du raid annulé.

Merde, pensa Jean-Pierre. *Nous étions si près d'y aller.* Frustré, il débarqua du Royal Eagle avec sa compagnie et retourna à Newhaven.

« Les Aiguilles », île de Wight, en Angleterre. *Collection privée.*

Personnel avec un char d'assaut Churchill de l'Armée canadienne, qui a débarqué d'une péniche de débarquement de chars au cours de l'exercice du Yukon II. 22 et 23 Juin 1942. île de Wight, en Angleterre. *Bibliothèque et Archives Canada/C-138677*

Troupes canadiennes embarquant dans une péniche de débarquement au cours d'un exercice d'entraînement avant le raid sur Dieppe, en France, ca., août 1942. *Canada. Ministère de la Défense nationale/Bibliothèque et Archives Canada/PA-113244*

Fantassins canadiens débarquant d'une péniche de débarquement au cours d'un exercice d'entraînement avant l'opération JUBILEE, le raid sur Dieppe, France. Angleterre, août 1942. Canada. *Ministère de la Défense nationale/Bibliothèque et Archives Canada/ PA-113243*

Chapitre 12
Opération Rutter — Conséquences
Juillet 1942

L'annulation de l'Opération Rutter et le débarquement annulé des soldats en France pesaient lourdement sur le premier ministre Winston Churchill. Le général Montgomery, satisfait de l'annulation de l'opération déficiente, partit pour prendre les commandes de la huitième armée britannique en Afrique du Nord. Cependant, Lord Mountbatten, chef des opérations combinées et une étoile montante aux yeux de Churchill, ne céda pas un pouce de terrain. Il ne voulait pas laisser le raid de Dieppe rehausseur de carrière lui filer entre les mains. Mountbatten demanda officieusement aux planificateurs militaires de proposer une opération de rechange à Rutter.

Le concept de la proposition, présentée quelques jours plus tard, était audacieux. Il recommandait que le raid sur Dieppe ait lieu comme il était prévu à l'origine. La prochaine date qui offrait des conditions de marée convenables était le 19 août. Les planificateurs présumaient que si les Allemands étaient au courant du raid, ils ne croiraient pas que les Britanniques seraient assez stupides pour attaquer le même port. Les troupes alliées n'avaient pas besoin d'entraînement supplémentaire, car elles connaissaient déjà leur rôle et les détails du raid. Pour éviter une autre annulation causée par les vents violents dans les zones d'atterrissage des parachutistes, ils proposèrent des commandos en partance de navires au lieu de parachutistes pour éliminer les gros canons de Dieppe. Le 11 juillet, Mountbatten donna l'approbation pour l'Opération Jubilee, la résurrection de l'Opération Rutter.

Après l'annulation de Rutter, toutes les unités des Fusiliers reçurent une permission spéciale. Arthur se rendit à

Blackpool avec des amis pour visiter le parc d'attractions. Le Parc Blackpool et le casino de 44 acres, situé à 300 miles au nord-est de Newhaven sur la mer d'Irlande, dépassaient largement le parc Belmont beaucoup plus petit qu'il fréquentait à Montréal. Les soldats profitèrent de la distraction des manèges et des jeux fournis. Tandis qu'ils marchaient sur l'esplanade, ils passèrent un groupe de soldats britanniques.

« Hé camarades, n'étiez-vous pas en action tout récemment ? »

« Pourquoi dis-tu ça ? », répondit Arthur.

« Votre insigne d'épaule est la deuxième division canadienne, n'est-ce pas? N'étiez-vous pas partis pour Dieppe ou ailleurs en France ? »

Arthur resta silencieux.

« Nous ne sommes pas allés nulle part », laissa échapper le compagnon d'Arthur. « Ils nous ont gardés enfermés au port pendant des jours. Les Boches nous ont trouvés et ont bombardé quelques navires. Alors, les galonnés ont annulé la putain d'opération. »

Souhaitant en entendre davantage sur l'expérience des Canadiens, les soldats britanniques invitèrent Arthur et ses amis à un pub voisin pour continuer leur discussion.

Jean-Pierre passa son congé à Brighton avec Mary. Bien que découragé par l'annulation du raid, il ne parla pas de Rutter à Mary ou à sa famille. Reposé et détendu, il retourna à Newhaven le 27 juillet de bonne humeur.

Plusieurs jours plus tard, le régiment se rendit à un endroit tout juste au nord de Lewes pour participer à l'exercice Grad avec le reste de la sixième brigade de la deuxième division canadienne. L'exercice de deux jours prépara les soldats qui avaient manqué l'entraînement sur l'île de Wight. Les régiments Fusiliers Mont-Royal et South Saskatchewan formaient les unités d'attaque tandis que les Cameron Highlanders formaient la réserve.

Quelque chose se trame, pensa Jean-Pierre pendant l'exercice. *Les officiers semblent plus intenses qu'à l'habitude. Nous ne pouvons nous entraîner sans arrêt. Nous allons sûrement bientôt en France.*

Chapitre 13
Newpound Common, Angleterre
Août 1942

Immédiatement après l'exercice Grad, le 1 août, les Fusiliers se déplacèrent encore. Ils arrivèrent à Newpound Common, à environ 40 miles au nord-ouest de Newhaven. Les hommes déchargèrent leur équipement des camions de transport et piquèrent leurs tentes dans des champs gazonnés ouverts. Le peloton de Maurice, les porte-mitraillettes Bren, et le quartier général de la compagnie se rendirent dans la ville de Horsham à environ neuf miles du village de tentes des Fusiliers. La routine quotidienne des exercices et des marches ne faisait pas le poids en comparaison avec l'enthousiasme et la commotion associés à l'Opération Rutter. Après un entraînement continu dans la boue, la forêt et les ruisseaux refroidit l'esprit de combat des hommes. Autre qu'un petit pub, il n'y avait pas de femmes, de cinémas ni d'activités pour distraire les soldats de leurs conditions de vie lamentables et de la monotonie des entraînements. Le moral chuta à son niveau le plus bas. Entre les entraînements, Jean-Pierre continuait ses tâches cléricales pour la compagnie A, reconnaissant d'avoir quelque chose à faire pour s'occuper.

La mi-août, les commandants du régiment furent mis au courant de l'Opération Jubilee. Pendant la réunion, les officiers supérieurs canadiens réprimèrent toutes les réserves exprimées par les officiers subalternes concernant les modifications apportées aux éléments de soutien du raid. Les ordres furent transmis en aval pour préparer les soldats à l'exercice Ford. Le régiment rappela tous les officiers et les hommes enrôlés de leur congé. Jean-Pierre soupçonnait que quelque chose d'important allait se produire. *Où est Maurice, merde ? Il sait toujours ce que se passe.* Dès que Jean-Pierre entendit que sa compagnie allait participer à l'exercice Ford, il alla voir le sergent responsable de la section administrative.

« Sergent, permission de participer à Ford ? »

Le sergent regarda Jean-Pierre détectant son anxiété. « Cette putain de paperasserie ne sera jamais terminée s'ils continuent d'organiser ces maudits exercices », marmonna-t-il. « Très bien, vas-y, mais assure-toi de revenir ici lorsqu'il sera terminé. »

« Merci, Sergent. Je reviendrai bientôt. »

Jean-Pierre rangea son bureau, puis se dirigea vers sa tente. Il passa la soirée avec des membres de son peloton à préparer son équipement, à nettoyer ses armes et à discuter des destinations possibles.

« Est-ce que quelqu'un sait où sont les porte-mitraillettes Bren ? », demanda Jean-Pierre.

« Elles sont parties quelque part dans la forêt autour de Horsham », répondit un membre du peloton.

« Ouais, il n'y avait pas assez de place dans ces merveilleux quartiers pour les jockeys de limousine et leurs porte-mitraillettes adorés. De plus, ils les auraient probablement salis avec toute cette foutue boue », marmonna un autre soldat d'un ton sarcastique.

Le lendemain matin, les quelques résidents de Newpound Common regardaient tandis que plus de 500 soldats vêtus de kaki se réunissaient sur les champs gazonnés du village prêts à embarquer dans leurs camions de transport couverts de bâches.

Les Fusiliers Mont-Royal prenant part à un entraînement à Newpound Common, en Angleterre. 7 Août 1942. *Alexander M. Stirton/ Canada. Ministère de la Défense nationale/Bibliothèque et Archives Canada/PA-177146*

Chapitre 14
Lancing, Angleterre
18 août 1942

Le mardi 18 août à 1600 heures, les Fusiliers arrivèrent au Collège Lancing à environ 20 miles au sud de Newpound Common près de la côte à Shoreham. L'impressionnante école et son réseau d'immeubles, comprenant une énorme chapelle de style gothique, dominaient le paysage. En plus de ses nombreuses salles de classe, l'école comptait des pensions de famille, des théâtres, des bibliothèques, une terre agricole et un stand de tir de petit calibre. Ce ne fut pas étonnant que, au début de la guerre, l'établissement d'entraînement de la marine britannique du HMS King Alfred prit possession des installations de l'école.

Collège Lancing. Lancing, en Angleterre. *Collection privée.*

Lorsqu'il débarqua du camion, Jean-Pierre sentit la tension et l'enthousiasme s'intensifier autour de lui. Les hommes comprenaient que la situation était bien réelle.

« Ils nous ont transporté dans des camions couvertes. Comme l'Opération Rutter, tu te rappelles ? », indiqua un Fusilier à côté de Jean-Pierre. « Que diable penses-tu que ça veut vraiment dire ? »

« Quelque chose de gros se trame. Il ne s'agit pas d'un exercice », répondit Jean-Pierre.

Les soldats se réunirent dans l'une des larges cours du collège où le lieutenant-colonel Ménard s'adressa à eux.

« D'accord les gars. Voilà. Je sais que j'ai dit ça avant, mais demain nous débarquons à Dieppe ! »

Les hommes lancèrent un hurlement d'approbation. Ménard fit taire le groupe et continua son compte rendu. Une fois terminé, chaque compagnie se réunit pour examiner ses tâches et ses objectifs. Ce soir-là, les soldats remplirent la cafétéria de l'école pour manger un copieux repas de patates pilées et de jambon servi par les Dames auxiliaires de la marine. Arthur dévora sa portion et essaya d'obtenir une deuxième portion. Le serveur refusa poliment sa demande.

« Ils n'ont pas voulu m'en donner une deuxième, mais je les ai vus donner deux portions aux foutus officiers et à certain une troisième portion », rouspéta-t-il.

Pendant le repas, les hommes reçurent du papier pour écrire encore une fois leurs adieux aux membres de leur famille dans l'éventualité où ils ne reviendraient pas. Cette instruction qui donnait à réfléchir changea l'humeur des soldats, lesquels s'assirent pour composer ce qui pourrait être leur dernière lettre. Jean-Pierre fixa le papier vierge.

« Je n'écris pas de lettre », indiqua-t-il au Fusilier assis à côté de lui. « Je dois revenir ici après le raid. Je rencontre ma petite amie ce week-end à Brighton. »

Le lieutenant-colonel Ménard réunit les hommes dans la cour, cette fois pour la Sainte Communion. L'aumônier du régiment, le Père Sabourin, dirigea la cérémonie. Jean-Pierre, un catholique comme la majorité des Fusiliers, apprécia l'occasion de faire la communion et de renforcer son lien spirituel. Une fois le service terminé, Ménard encouragea les soldats grâce à un bref discours de motivation.

Avec un nouveau sentiment d'urgence, les Fusiliers montèrent à bord de camions en route vers les plages voisines à Shoreham où 26 bateaux-R les attendaient.

Maurice, responsable de la garde à Horsham, entendit parler du départ des Fusiliers en partance de Newpound Common. Désespéré de ne pas rater l'exercice, il tenta de trouver quelqu'un pour le remplacer. Un autre soldat lui offrit finalement de prendre sa place. Il ramassa rapidement son équipement, puis réussit à se trouver un moyen de transport vers la côte à Newhaven. Incapable de trouver son peloton ou sa compagnie, il parla avec un officier et lui expliqua la situation. L'officier l'affecta à la péniche de débarquement de char d'assaut n° 5, qui incluait les chars d'assaut Churchill, 30 membres de la compagnie C des Fusiliers, et quelques ingénieurs. Maurice monta à bord du navire en toute confiance, à l'aise de combattre auprès de ses camarades Fusiliers. Il croyait que son régiment avait les meilleurs soldats de l'Armée canadienne et que leur entraînement complet les avait transformés en une unité fière et tricotée serrée prête au combat.

La petite armada de bateaux-R transportant Jean-Pierre et les autres membres des Fusiliers se dirigera vers la Manche pour rejoindre une vaste flotte se réunissant à partir de différents points le long de la côte. Dans la pénombre, seul avec ses pensées, Jean-Pierre joua le débarquement gravé dans son esprit à la suite de tous les comptes rendus. *Voilà. Nous allons finalement en France.*

Chapitre 15
Dieppe, France
19 août 1942

Situés à environ 80 miles de l'autre côté de la Manche devant Newhaven et blottis confortablement entre deux imposants caps, reposaient le port et la ville de Dieppe. Des falaises de craie abruptes surplombaient la ville, le port et la plage. La large plage de grands galets lisses s'étendait du port à l'ouest des falaises à l'est où elle se rétrécissait en une bande de pierres. Faisant face à la ville, la plage inclinée vers le haut s'arrêtait abruptement à un mur de protection bas. Au-delà du mur de protection, une esplanade gazonnée ouverte et sauvage s'étendait le long du front de mer de la ville du port aux falaises, et vers l'intérieur en direction du boulevard de Verdun. Le boulevard était parallèle à la plage et séparait l'esplanade des hôtels, des magasins, de l'usine de tabac, de l'église et des maisons. Un grand casino de trois étages se dressait à l'extrémité est de l'esplanade.

La garnison de 1 500 soldats allemands de Dieppe dans des positions de combat situées stratégiquement était prête à défendre le port et les autres lieux de débarquement potentiels à proximité le long de la côte. Pour améliorer la vue de la plage des Allemands et éliminer un abri pour des assaillants, les Allemands étaient en train de démolir le casino. Renforcé pour devenir une position défensive, ses nombreuses mitrailleuses MG 42 surplombaient les principales plages de débarquement. De hautes clôtures de fil barbelé torsadé s'étendaient le long de la plage parallèlement à la rive, près des positions fortifiées et le long du mur de protection. Des murs en béton, du fil barbelé et des pièges bloquaient les sorties de la plage. Des casemates, des mitrailleuses et des armes antiaériennes légères positionnées le long de l'esplanade et des falaises étaient prêtes et attendaient.

Le plan de l'Opération Jubilee couvrait une vaste région, dont la ville de Dieppe. La principale attaque aurait lieu sur le front de mer de Dieppe. Le plan divisait l'assaut de la plage en deux, la Plage rouge et la Plage blanche. À partir d'à peu près le centre du front de mer, la Plage rouge s'étendait vers l'est aussi loin que l'entrée du port et la Plage blanche s'étendait vers l'ouest jusqu'aux falaises tout juste au-delà du casino. Le plan comprenait aussi des attaques de flanc à la Plage bleue près de la ville de Puys et à la Plage verte près de Pourville-sur-Mer. Pour faire taire les gros fusils côtiers avant que l'attaque, les commandos allaient débarquer plus loin vers l'est aux Plages jaunes I et II près des villes de Belleville-sur-Mer et Berneval, et vers l'ouest aux Plages orange I et II près des villes de Vasterival et Quiberville.

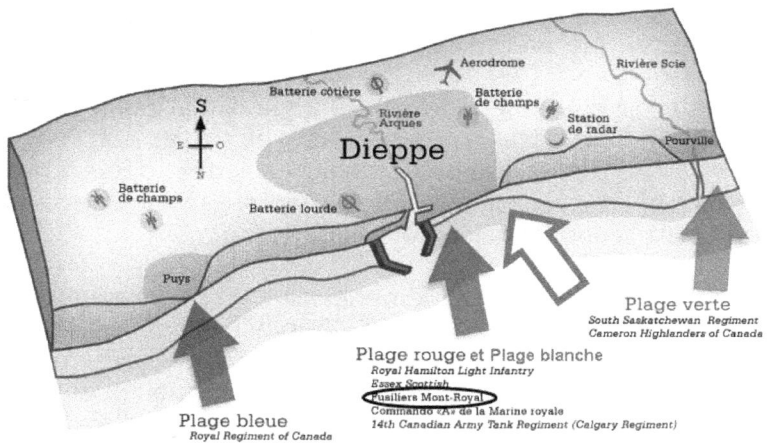

Carte du raid de Dieppe. www.canadaatwar.ca

Une chaude nuit sans lune, la mer calme et le grondement continu des moteurs des bateaux-R endormirent Jean-Pierre. Le périple de nuit vers la France donna aux hommes du temps pour penser au combat imminent. Certains parlaient en silence avec leurs voisins, fumaient nerveusement, priaient, ou vérifiaient leur équipement et leurs armes. Avant l'aube, les bateaux-R approchèrent de l'aire de rassemblement et le capitaine arrêta les moteurs. La décélération de son bateau réveilla Jean-Pierre. La flottille atteignit sa station à plusieurs miles en mer où elle resta, en effectuant lentement de larges figures ovales. Les officiers attendaient avec anxiété l'appel pour débarquer. Jean-Pierre regarda autour. Il gigotait avec son fusil même s'il savait que son régiment n'allait débarquer que plus tard ce matin-là. En tant que réserves, la mission des Fusiliers Mont-Royal était de fournir un soutien sur les Plages rouge ou blanche pour appuyer l'attaque d'une unité ou exploiter une brèche dans les défenses allemandes. Après le raid, ils effectueraient un retrait de combat pour protéger les soldats qui retraiteraient vers les péniches de débarquement en attente.

Tandis que les bateaux-R continuaient à tourner, à 0500 heures la Royal Air Force commença à attaquer la ville avec le feu de ses canons de 20 mm et ses bombes. En réaction, le feu des canons antiaériens allemands s'éleva dans le ciel bleu-violet comme des perles flottantes. Quelques minutes plus tard, les canons des destroyers britanniques commencèrent à faire feu, détruisant des cibles dans la ville et sur les falaises.

« Putain de merde ! », s'exclama un Fusilier surpris par le barrage.

Le bruit était phénoménal. Chaque soldat dans le bateau de Jean-Pierre s'était redressé, les yeux fixés sur l'horizon. Au loin, des grandes péniches de débarquement approchaient de la plage. Jean-Pierre regardait et attendait, son corps tendu en raison de l'anticipation.

La péniche de débarquement de char d'assaut n° 5, transportant six chars d'assaut Churchill et des soldats, dont Maurice, se dirigea vers la plage. Les murs élevés en acier du navire empêchaient Maurice de voir quoi que ce soit. Cachés dans les entrailles de leurs chars d'assaut, les conducteurs firent vrombir leurs moteurs, anxieux de faire sortir leurs véhicules de l'enceinte sans défense de la péniche de débarquement. Une série d'explosions projeta Maurice contre la cloison tandis que les artilleurs allemands trouvèrent la portée de l'engin. Quelques secondes plus tard, un obus explosa dans la timonerie à l'arrière de l'engin, aspergeant les soldats de débris et d'éclats. Un autre obus explosa au milieu du navire, tuant le sergent-major et un groupe de soldats qui attendaient de débarquer. Des flammes engloutirent la poupe. Maurice cherchait désespérément une façon de sortir. Finalement, la rampe descendit et le premier char d'assaut Churchill de

45 tonnes avança péniblement sur la rive. Au lieu d'attendre que les autres chars d'assaut sortent, Maurice et 16 autres soldats escaladèrent le côté de la péniche de débarquement et sautèrent dans l'eau. Tenant son fusil, il se précipita vers la rive tandis que des mitrailleuses tiraient sur le petit groupe. Les balles sifflaient par-dessus sa tête et fendaient l'eau à côté de lui, beaucoup plus près qu'il ne l'avait déjà vécu pendant l'entraînement. Derrière lui, il entendit des cris perçants et les pleurs des hommes, mais il continua de courir. Moins de 30 verges devant leur péniche de débarquement échoué reposait un char d'assaut immobilisé, embourbé dans les galets. Il faisait face à la plage inclinée vers l'esplanade. *Il doit provenir de notre bateau.* Il atteignit le char et s'accroupit derrière lui. *Putain de merde ?* Il regarda ses pieds nus. Il avait perdu ses bottes quelque part. Il ne se souvenait pas comment elles étaient tombées, mais elles n'étaient plus là. Il secoua la tête incrédule et se tourna pour voir qui s'était joint à lui. Trois soldats s'accroupirent à proximité.

« Où sont les autres ? », demanda-t-il.

« Nous sommes les seuls qui ont réussi », indiqua l'un des soldats à bout de souffle.

Maurice regarda derrière vers l'eau. Sa péniche de débarquement reposait à un angle, sa rampe étant dans l'eau. De la fumée et des flammes s'élevaient de sa poupe. Les corps des hommes qui étaient partis avec lui reposaient mutilés dans des positions grotesques sur les galets. Les artilleurs allemands continuèrent de cibler les hommes morts, leurs corps tressautant et sautant tandis que les balles les frappaient. Il sentit une rage monter. *Je dois trouver une façon de répliquer à ces bâtards.* Les balles sifflèrent au-dessus de sa tête tandis qu'il jetait un regard à partir de son abri. Il se plia et regarda entre les chenilles du char. Il vit la lumière du jour. Il rampa sur son estomac, traînant son fusil de tireur d'élite Enfield .303 P14 jusqu'à ce qu'il atteigne le devant du char. Il tira son fusil vers l'avant, puis se mit en position de tir sur le ventre. Il ralentit sa respiration et regarda à travers la mire du fusil. Les flashes des canons des MG42 allemands brillaient dans la lumière de l'aube à 500 verges de distance dans des immeubles au-delà de l'esplanade. Il orienta le réticule du télescope afin de viser un soldat allemand debout à côté des mitrailleuses. Il prit une profonde respiration, la retint, et pressa lentement la détente. L'Allemand tomba contre l'immeuble et disparut de sa vue. Plusieurs autres soldats tombèrent avant que les Allemands découvrent sa cachette et concentrent leur feu sur sa position. Les balles ricochaient contre le blindage du char et fendaient les galets à proximité, l'aspergeant de fragments de pierre. Une balle ricocha sur son casque. Sonné par le coup, il resta immobile et attendit que les tirs sur sa position cessent. Lorsqu'ils cessèrent, il saisit un autre chargeur de balles. *Merde, je n'ai plus de munitions.* Il rampa vers l'arrière du char et en sortit prudemment. Attiré par le vrombissement des moteurs d'avion, il regarda vers le ciel et vit un avion qui volait parallèlement à la plage, créant un écran de fumée.

Plage de Dieppe, France. 19 août 1942. Péniche de débarquement de char no 5 en arrière-plan. *Bibliothèque et Archives Canada/DAPDCAP571946/3628496/C-014160.*

Après ce qui semblait être une éternité de cercles, le bateau de Jean-Pierre ralentit finalement. Il rejoignit d'autres bateaux-R près de l'engin transportant le lieutenant-colonel Ménard.

« Nous allons débarquer à la Plage rouge à l'opposé de l'usine de tabac », indiqua-t-il à ses hommes à l'aide d'un mégaphone. « Nos objectifs sont les immeubles de l'autre côté de l'esplanade. »

Jean-Pierre visualisa la région à partir de photos et de maquettes utilisées pendant l'entraînement.

« Nous sommes le seul régiment canadien-français, les gars. Montrons-leur ce que nous pouvons faire. Bonne chance à tous. »

À 0700 heures, les 26 bateaux-R accélérèrent vers la rive en trois longues colonnes. Jean-Pierre regarda par-dessus la paroi. D'énormes geysers d'eau surgirent de la mer, propulsés par l'explosion d'obus tandis que les Allemands ciblaient les navires et les péniches de débarquement qui approchaient. Le bas soleil du matin dans ses yeux et un écran de fumée l'empêchèrent de voir la plage éloignée. Tandis qu'ils se rapprochaient, les sons du combat s'intensifièrent et des flammes dansantes apparurent à travers la fine fumée. Son bateau-R émergea soudainement de l'écran de fumée dans la lumière du soleil éclatante. Des falaises de craie blanches leur faisaient face. *Crisse ! Nous sommes très loin de la Plage rouge.*

Bateaux-R s'approchant de Dieppe, France. 19 Août 1942. *Musée canadien de la guerre, 19920085-1113.*

Le bateau-R d'Arthur avec le peloton n° 3 continua sa route vers la plage à travers l'attaque meurtrière. Il émergea de l'écran de fumée et l'artillerie allemande le trouva rapidement à sa portée. Le bateau-R à côté d'eux disparut dans un panache d'eau et de fumée. Une fois l'explosion dissipée, seuls des débris flottants marquaient l'endroit où 27 jeunes soldats attendaient de débarquer avec impatience.

« Go. Go. Go. Foutez le camp d'ici ! », cria le sergent tandis que le bateau s'arrêtait à 100 verges de la plage.

Arthur lança le mortier de trois pouces qu'il transportait par-dessus bord. Il sauta par-dessus la coque dans de l'eau à la taille en tenant son fusil au-dessus de sa tête. Il se pencha et tâta pour trouver le mortier en ignorant la bataille qui faisait rage autour de lui. Il chercha l'arme, les mots de son sergent résonnant dans ses oreilles. *Fraser, lorsque tu arriveras à la plage, tu es mieux d'avoir ton tube avec toi ou je te renverrai directement le chercher.* Il trouva le mortier, le plaça sur son épaule et commença à courir dans l'eau vers la rive. Malgré le poids du mortier de 35 livres, des obus de mortier dans une poche ceinturée autour de sa taille, son fusil, 200 munitions et des grenades, Arthur atteignit rapidement le bord de l'eau. Un écran de fumée lancé d'un avion passant au-dessus l'empêcha de voir l'esplanade et la ville. Des balles craquaient contre les galets et des obus explosaient tout autour. Les artilleurs allemands continuaient de tirer dans l'écran de fumée, utilisant des paramètres prédéterminés pour balayer les aires de débarquement avec un feu meurtrier. Arthur escalada la pente en rejoignant son partenaire de mortier. Ils s'affalèrent dans une grande dépression dans les galets.

« Où est le socle ? », demanda Arthur.

« Je l'ai lancé par-dessus bord, mais je ne l'ai pas retrouvé dans l'eau. Je ne voulais pas rester à découvert trop longtemps, je l'ai donc laissé là. »

« Alors, je n'ai pas de foutue raison de transporter cette chose inutile plus loin. » Arthur laissa tomber le tube de mortier et retira sa poche ceinturée contenant les trois rondes de mortier. Il était fâché de la bourde de son partenaire, mais il était secrètement soulagé de se débarrasser de l'arme encombrante. Il tourna son attention vers la plage. Des soldats morts et blessés gisaient partout. Au lieu d'une couleur gris verdâtre, l'eau près de la rive avait maintenant tourné au rouge à cause du sang.

Le sergent-major Lucien Dumais, courant à travers le feu des balles, repéra les deux Fusiliers.

« Suivez-moi ! », cria-t-il.

Arthur et son partenaire de mortier se levèrent et coururent dans accroupie derrière le sergent en direction du casino. Après plusieurs enjambées, Arthur se tourna et se dirigea dans la direction opposée.

« Où vas-tu? Dumais a dit de le suivre. »

« Il va nous faire tuer. Il est trop imprudent et s'en fout carrément. Tu sais ça. »

Arthur sprinta sur la plage afin de se trouver un abri. Un officier de l'Essex Scottish fumant une cigarette dans un fume-cigarette déambulait vers lui, apparemment inconscient du chaos l'entourant. Son opérateur radio marchait à ses talons. *Pensent-ils que c'est un autre foutu exercice,* pensa Arthur.

« J'ai tenté de leur dire de ne pas vous laisser débarquer, car nous perdons. »

Ignorant les propos de l'officier en état de choc, Arthur continua le long de la plage vers l'épave de la péniche de débarquement de char d'assaut n° 5. L'artillerie et les mitrailleuses allemandes ignoraient l'engin, se contentant d'éliminer les menaces plus graves ailleurs sur la plage. Tandis qu'ils approchaient, un officier les appela.

« J'ai besoin de volontaires pour enlever tous les explosifs dans l'engin. Il y a des blessés dedans et si un obus devait l'atteindre, ils seraient tous tués. »

Arthur embarqua dans l'engin. À travers la fumée qui s'élevait, il se déplaça lentement vers l'arrière. À la poupe, il vit que la voie était bloquée par la porte de la timonerie. Il ouvrit la porte de force, jeta un coup d'œil, puis s'arrêta net. Il recula lentement, se tourna et se dirigea rapidement vers la proue en essayant d'effacer l'image effroyable de son esprit. Il passa à côté d'un soldat blessé demanda de l'eau. Il s'arrêta, regarda autour et fouilla sous une couverture couvrant un Fusilier mort pour trouver sa gourde. Il passa le reste de la matinée à retirer des explosifs, ne mentionnant en aucun temps l'horrible scène derrière la porte de la timonerie.

La proue du bateau de Jean-Pierre heurta le fond, le propulsant sur l'homme assis devant lui. Les défenseurs allemands sur les falaises tournèrent leurs fusils et leurs mortiers vers les nouvelles cibles. Des obus explosèrent dans l'eau autour des bateaux, envoyant d'énormes colonnes d'eau de mer en l'air parmi la petite flotte. Il entendit l'appel urgent du capitaine pour que les hommes sortent et il sauta par-dessus bord. L'eau froide à la hauteur de la poitrine était plus profonde que prévu. Il savait qu'il devait sortir de l'eau et s'éloigner du feu ininterrompu des Allemands. Il devait trouver refuge rapidement s'il voulait survivre. Jean-Pierre exclut les bruits des explosions et le cliquetis des mitrailleuses. Il se concentra sur les falaises devant lui. Il se poussa vers l'avant, ignorant les corps qui flottaient dans l'eau devant lui. Il atteignit les petits fonds, son cœur fonctionnant sur l'adrénaline tandis qu'il pataugeait dans l'eau. Sur la page, il tenta de courir plus rapidement, mais ses lourdes bottes remplies d'eau glissaient entre les pierres rondes lisses, ce qui le ralentissait. Il atteignit les falaises et s'agenouilla, exténué.

Il reprit son souffle, regarda autour et vit d'autres Fusiliers blottis contre la falaise. Il regarda la traînée de corps alignés des bateaux jusqu'aux falaises, les malheureux Fusiliers qui n'avaient pas survécu au feu mortel des balles et aux obus de mortier explosifs. Il n'avait jamais vu un cadavre avant et maintenant ils étaient exposés de façon macabre, à seulement quelques mètres d'où il était accroupi.

Regardant en direction du port, il réalisa que son bateau avait débarqué à l'extrême droite de sa cible prévue de la Plage rouge en appui de l'Essex Scottish. Le soleil du matin illuminait la scène effroyable où l'Essex Scottish et d'autres éléments de l'assaut principal débarquèrent. La plage n'était que destruction, dévastation et mort. Le bruit était assourdissant. La furieuse grêle de balles, et d'obus de mortiers et d'artillerie pleuvait partout. Les explosions projetaient des pierres, des débris et des parties de corps démembrées dans les airs. Des chars d'assaut et d'autres véhicules immobilisés jonchaient la plage. Des langues de flammes orange surgissaient des véhicules touchés par les canons allemands d'une macabre précision. De la fumée provenant des péniches de débarquement et des véhicules en feu flottait au-dessus du champ de bataille et se mêlait à l'écran de fumée de plus en plus mince provoqué par les avions britanniques. L'odeur âcre de la poudre à canon brûlée s'incrustait dans les narines de Jean-Pierre. *Où sont les Allemands ?* Il voulait se battre pour tuer les bâtards qui massacraient ses camarades. *Où se cachaient-ils ?*

Une explosion à proximité fit sursauter Jean-Pierre. Il pressa son corps sur la falaise, trouvant refuge dans une profonde fissure de craie. Ni les Allemands juchés sur les falaises ni les Canadiens à la base des falaises ne pouvaient voir leur ennemi, bien que les Allemands eussent l'avantage. Du haut des falaises, les Allemands lançaient leurs grenades sur le bord de la falaise. Certaines grenades tombaient et rebondissaient sur la falaise, explosant de façon inoffensive dans les airs avant de heurter le sol. Bon nombre atterrirent sur la plage de galets et explosèrent avec une douche meurtrière d'éclats et de pierres éclatées.

Jean-Pierre chercha une façon d'éviter les explosions de grenade, mais n'en vit aucune. *Si je reste ici, je vais sûrement mourir. Si je retourne dans l'eau ou si je cours vers l'usine de tabac, je serai une cible facile.* Malgré son entraînement rigoureux, rien ne l'avait préparé à une situation désespérée dans des conditions aussi brutales. La frustration et la peur qu'il éprouvait lui laissaient un goût sec et amer dans la bouche.

Tandis qu'il se préparait à rejoindre un groupe d'hommes plus loin le long de la falaise, une explosion le projeta contre la paroi de la falaise et le renversa. Assommé, il se leva en titubant et sentit une douleur atroce. Il tâta doucement sa tête avec les doigts de sa main droite. La partie supérieure de son oreille bougeait librement, n'étant plus fixée. Du sang chaud s'échappait de la blessure et coulait entre ses doigts. Il regarda vers le bas pour voir du sang suinter de sa main gauche. Tandis que l'énergie quittait son corps, il s'effondra. Couché sur le dos, il regarda le ciel bleu où des nuages blancs légers flottaient vers l'océan. Les terribles images et les sons de la bataille disparurent. Tandis qu'il perdait connaissance, Jean-Pierre pensa. *Je dois être en train de mourir. Ce n'est pas si mal.*

Position de la mitrailleuse allemande. Dieppe, France. Août 1942. *Deutsches Bundesarchiv (Archive fédérale allemande.), Bild 101I-291-1213-34, Müller, Karl.*

Casino à la plage de Dieppe, France. 19 août 1942. *Musée canadien de la guerre, 19920085-1112.*

Plage de Dieppe, France. 19 août 1942. *Musée canadien de la guerre, 19830644-001, Archives photo T 1.3, Image no 5.*

Plage de Dieppe, France. 19 août 1942. *Musée canadien de la guerre, 19910238-122, Archives photo T 5.5, Image no 21.*

**Chapitre 16
Dieppe, France
Conséquences
19 août 1942**

Le plan de la Marine royale consistant à évacuer un grand nombre de soldats des plages échoua. Pendant le raid, les gros canons côtiers des Allemands surplombaient la mer à Petit Berneval et l'artillerie plus près de Dieppe menaçait tous les navires près de la rive. Lorsque les Alliés reçurent le signal de se retirer de Dieppe, l'emprise meurtrière des tireurs d'élite, des mitrailleuses et des mortiers allemands cibla les Canadiens battant en retraite. De nombreux soldats moururent en courant sur l'étendue ouverte de plage ou en nageant. Ils étaient des cibles faciles pour les tireurs d'élite allemands. Les quelques chanceux qui réussirent à embarquer dans les bateaux en attente étaient toujours en danger. Le feu des canons précis des canons de défense de la plage de 75 mm des Allemands coulèrent plusieurs engins alliés avant qu'ils puissent retraiter avec leur chargement de survivants sidérés.

Arthur regarda le destroyer britannique Calpe s'approcher de la rive passant devant la Plage rouge. Les canons allemands bombardèrent le navire, mais il continua imperturbable et intact. Le Calpe tira une dernière salve de ses canons de quatre pouces avant de se diriger vers les eaux libres pour rejoindre le reste de la flottille en direction de l'Angleterre. *Le foutu drapeau est en berne. Ils nous abandonnent !*
    Les navires étant partis et le combat aérien s'estompant graduellement, les tirs d'artillerie ennemie diminuèrent et un calme tendu s'installa sur le champ de bataille. Un officier canadien, à l'abri derrière un char d'assaut Churchill

déserté, réalisa qu'une résistance accrue n'entraînerait que davantage de pertes.

« J'ai besoin d'un volontaire ici ! »

Un jeune soldat couché derrière un véhicule de reconnaissance bondit sur ses pieds. Il se précipita vers le char tandis que les balles fendaient les galets derrière lui. L'officier attacha un foulard blanc au fusil du soldat.

« Lève ton arme afin qu'ils puissent voir le drapeau, puis grimpe sur le char. »

« Oui Capitaine. »

Le jeune homme leva son fusil et se hissa sur le dessus du véhicule blindé. Un seul coup retentit. Il tomba dans un tas, le sang coulant de la blessure par balle subie à la tête. Deux hommes vinrent au secours du soldat. L'officier fit signe à l'un d'eux de prendre le fusil de l'homme mort et de le montrer à partir du dessus du char. Le soldat grimpa prudemment derrière la tourelle et allongea son bras. Une balle le fit tomber.

« Putain de merde », jura l'officier. « Apporte-moi un de ces prisonniers », cria-t-il à un Canadien qui surveillait les soldats allemands capturés assis à l'abri derrière le char.

Le soldat canadien fit un signe avec son fusil à l'un des Allemands qui regardait ses camarades nerveusement. Le soldat vérifia la culasse du fusil pour s'assurer qu'il ne restait aucune balle, puis donna le fusil à l'Allemand. L'Allemand grimpa sur la coque du char et leva lentement son bras, allongea le fusil et son drapeau blanc au-dessus de sa tête. Le silence suivit. Les soldats allemands derrière les barricades traversèrent l'esplanade prudemment vers le mur de protection et la plage où les Canadiens attendaient.

À court de munitions et voyant le drapeau blanc, Maurice lança son fusil, dégouté. Lorsqu'il était caché sous le char, sa vue du champ de bataille se limitait à l'étroite fenêtre sous la coque entre les chenilles et la vue télescopique de son fusil. Maintenant dans un endroit dégagé, il contempla la dévastation. Les soldats canadiens étaient debout en groupes autour de chars d'assaut Churchill immobilisés, de véhicules de reconnaissance désertés, et de péniches de débarquement où ils avaient trouvé refuge contre la tempête de balles et d'obus qui explosaient. Des débris jonchaient la plage. Des casques, des fusils, de l'équipement et des fournitures s'y trouvaient, lancés par des soldats ou des explosions. Peu importe où il regardait, il ne pouvait pas éviter le spectacle de la mort. Ils flottaient dans l'eau, oscillant doucement dans les vagues. Près du mur de protection, des formations de soldats étaient blotties contre sa longueur coupées par la mitrailleuse dissimulée qui tirait en enfilade à partir d'un bunker à l'extrémité du mur. Des formes en uniforme tordues et grotesques identifiaient les hommes déchiquetés par les explosions. Les corps d'opérateurs radio, une cible privilégiée des tireurs d'élite allemands, parsemaient la plage avec leur équipement encombrant toujours attaché à leur dos.

Jean-Pierre reprit connaissance. Il sentit du mouvement autour de lui et se leva sur un coude, les pierres rondes et dures piquant son corps. Il gémit en réaction au mouvement brusque qui lui causa une douleur lancinante dans sa tête. Son environnement réapparut lentement. Des soldats allemands en uniformes gris, portant de grosses bottes noires et des casques qui semblant des seaux à charbon, marchaient prudemment sur la plage leurs pistolets, fusils et mitrailleuses prêts à faire feu. Ils firent signe avec leurs armes pour que les Canadiens lèvent leurs mains et forcèrent les groupes de soldats à s'éloigner des falaises pour rejoindre l'esplanade. Il y avait des soldats partout, mais pour Jean-Pierre la plage était étrangement silencieuse. Attiré par les mouvements et la vue de la tête ensanglantée de Jean-Pierre, un Fusilier s'agenouilla à côté de lui. La bouche du soldat bougea, mais Jean-Pierre n'entendit rien, alors il pointa ses oreilles en secouant la tête. Le Fusilier hocha de la tête et examina ses blessures. Il prit une bande de gaze blanche dans sa trousse, l'enroula autour de la tête de Jean-Pierre, puis plaça un autre bandage autour de son pouce droit mutilé. Piqués par la baïonnette d'un Allemand, ils se joignirent à un groupe de soldats canadiens marchant sous la menace d'une arme vers l'esplanade. Des sentiments de honte et de culpabilité remplacèrent la douleur dans la tête de Jean-Pierre tandis qu'il marchait sous la garde des soldats allemands triomphants. La pensée de ne pas avoir réussi à contribuer aux objectifs de son régiment et de ne pas avoir tiré un seul coup de feu lui triturait l'esprit. Ils atteignirent l'esplanade gazonnée où les Allemands escortèrent la masse désorganisée de prisonniers vers la ville. Jean-Pierre regarda autour de lui incrédule. *Nous devons être des milliers ici. Est-ce que quelqu'un s'est échappé ?*

Les Allemands escortèrent leurs prisonniers regroupés jusqu'aux rues pavées étroites de Dieppe. Les débris de centaines de fenêtres fracassées par des explosions jonchaient les rues. Les Allemands victorieux montrèrent avec grande satisfaction leurs prisonniers aux Dieppois. Les citoyens s'entassaient le long des rues, de la rue Sygogne à l'avenue Pasteur, se penchant au dehors de leurs fenêtres pour regarder le triste cortège de soldats découragés. La collection hétéroclite d'hommes, vêtus de tenues déchirées, ensanglantées ou incomplètes, ne ressemblait pas aux fiers soldats qui avaient débarqué sur la plage il y a quelques heures. De nombreux soldats peinaient à marcher et certains avaient besoin d'aide. Jean-Pierre marchait les mains dans les airs devant les civils curieux bordant les rues étroites. Il se sentait embarrassé et humilié. *Pourquoi les choses ont-elles si mal tourné ? Où nous emmènent-ils ?*

Les prisonniers arrivèrent à l'Hôpital Hôtel-Dieu où les Allemands les dirigèrent vers un terrain vague qui entourait l'hôpital. Certains hommes, sachant que les Allemands avaient exécuté des prisonniers militaires en Pologne, commencèrent à chuchoter leurs craintes aux autres. Ils regardaient avec inquiétude autour d'eux, comme s'ils cherchaient une façon d'échapper à leurs gardes. La tension s'estompa lorsque des médecins et des infirmières sortirent de l'hôpital pour soigner les blessés. Des brancardiers emmenèrent les soldats grièvement blessés à l'intérieur tandis que les autres restèrent à l'extérieur sur le gazon. La quantité d'hommes nécessitant un traitement submergea les médecins français locaux. Les officiers médicaux et les médecins canadiens qui avaient survécu au combat unirent leurs forces avec le personnel médical français et allemand. Les médecins étaient confrontés à tous les types de blessure possible, allant des simples égratignures exigeant des soins de base aux blessures délétères nécessitant des interventions chirurgicales complexes. Arthur vit un officier canadien sortir de l'hôpital et se précipiter vers un soldat allemand situé à proximité.

« S'il vous plaît, nous avons besoin d'aide afin de trouver du sang B+ pour un homme blessé. »

« Je suis désolé, mais je n'ai pas le temps de regarder. Les insignes d'identification des soldats allemands indiquent leur groupe sanguin. L'Armée canadienne n'a-t-elle pas pensé que ses soldats au combat pourraient avoir besoin de sang ? Je n'ai pas de temps pour ces broutilles. »

L'officier canadien marcha entre les soldats qui se reposaient sur le gazon leur demandant désespérément leur groupe sanguin.

Après avoir été traité pour ses blessures, Jean-Pierre s'assit les coudes sur les genoux et la tête dans ses mains, perdu dans ses pensées. Il regrettait de ne pas avoir écrit de lettre à ses parents et à Mary. *Comment sauront-ils où je suis ? À quoi pensera Mary si je n'appelle pas ou ne me présente pas ce week-end ?*

Plage de Dieppe, France. 19 août 1942. Soldats allemands avec de l'équipement endommagé. *Musée canadien de la guerre, 19910238-122, Archives photo T 5.5, Image no 19.*

Plage de Dieppe, France. 19 août 1942. *Musée canadien de la guerre, 19910238-122, Archives photo T 5.5, Image no 30.*

Dieppe, France, 19 août 1942. Prisonniers marchant dans les rues de Dieppe. *Musée canadien de la guerre, 19790170-001, Archives photo T 5.1, Image no 15.*

Dieppe, France, 19 août 1942. Prisonniers marchant dans les rues de Dieppe. *Musée canadien de la guerre, 19830136-001, Archives photo T 1.3, Image no 14.*

Prisonniers de guerre canadiens marchant dans les rues de Dieppe, France, 19 août 1942. *Musée canadien de la guerre, 19910238-122, Archives photo T 5.5, Image no 15.*

Soldats canadiens de la 2e Division d'infanterie canadienne fait prisonnier par les Allemands lors du raid sur Dieppe, opération Jubilee, 19 août 1942. *Musée canadien de la guerre, 19900076-952, Archives photo T 1.3.*

Canadiens blessés en attente de traitement à Dieppe, France, 19 août 1942. *Musée canadien de la guerre, 19910238-122, Archives photo T 5.5, Image no 18.*

Canadiens blessés en attente de traitement à Dieppe, France, 19 août 1942. *Musée canadien de la guerre, 19830136-001, Archives photo T 1.3, Image no 18.*

Membres de l'armée allemande documentant les Canadiens blessés à Dieppe, 19 août 1942. *Musée canadien de la guerre, 19910238-122, Archives photo T 5.5, Image no 25.*

Prisonniers de Dieppe, 19 août 1942. (Traduction du texte allemand au bas de la photo : Ils sont arrivés en Allemagne. Prisonniers. Ils ont combattu pour rien.) *Musée canadien de la guerre, 19830644-001, Archives photo T 1.3, Image no 16.*

Chapitre 17
Newpound Common, Angleterre
20 août 1942

À Newhaven, des véhicules transportèrent les blessés à l'hôpital et les autres survivants dans des casernes temporaires. Parmi les Fusiliers qui n'avaient pas participé au raid, le régiment attribua à plusieurs officiers et au nouvel aumônier du régiment la tâche désagréable de se rendre à Newpound Common pour ramasser les effets personnels tous les soldats disparus et décédés. Des 584 Fusiliers qui avaient pris part au raid, seulement 125 étaient revenus.

À Newpound Common, il était évident que les occupants du camp désertés voulaient revenir après le prétendu exercice Ford. Des vêtements étaient éparpillés sur les petits lits et le plancher. Une partie de cartes non terminée reposait sur la table, le jeu de chaque joueur face contre la table devant des chaises vides. Des journaux et des magazines étaient dispersés sur des bureaux et des tables.

« C'est comme si le temps s'était arrêté depuis qu'ils sont partis », indiqua un officier.

Un petit bâtard noir et blanc regardait attentivement sur le petit lit de son maître tandis que les officiers parcouraient les tentes. La gravité et l'ampleur de la tâche pesaient très lourd sur leurs esprits. Ils transportaient tous une liste de noms des soldats qui étaient revenus, car il était beaucoup plus simple de comparer leurs noms à cette liste plus courte. Sous le regard vigilant de la mascotte, ils se déplaçaient de lit en lit, sous un voile de silence et de chagrin, à la recherche du nom des occupants sur la liste. S'il ne correspondait pas, ils retiraient de façon attentive et respectueuse les effets personnels du Fusilier disparu.

Un officier passa près du lit de Jean-Pierre et ramassa la photo d'une jolie jeune fille. Il la regarda un instant et il la déposa dans une boîte contenant les cartes à jouer, les lettres, les cigarettes et les livres de Jean-Pierre. Il la scella et inscrivit clairement D61894 Laekas, Jean-Pierre sur le côté avant de passer au lit suivant.

Chapitre 18
Envermeu, France
19 et 20 août 1942

« Attention ! Tous ceux qui peuvent marcher, formez une file dans la rue », cria un officier allemand.

Jean-Pierre se leva et rejoignit les hommes qui se réunissaient, tout comme Arthur et Maurice, toujours sans ses bottes. La longue colonne marcha de l'Hôpital Hôtel-Dieu sur l'avenue Pasteur et le boulevard du Général de Gaulle vers le port. Ils traversèrent deux ponts et continuèrent à marcher sur l'avenue de la République, la route d'Envermeu et la rue Jacques Monod, laissant la ville de Dieppe derrière eux. Le long cortège de prisonniers serpenta à travers les terres agricoles françaises et les petits villages le long des routes de campagne étroites. Jean-Pierre avait beaucoup de temps pour penser à sa situation. *Où nous emmènent-ils ? Que vont-ils faire de nous quand nous arrêterons finalement de marcher ?* Affamés et fatigués, les prisonniers arrêtèrent 8 miles plus loin dans le village d'Envermeu, le lieu du quartier général divisionnaire allemand de la 302e division d'infanterie qui défendait Dieppe et infligeait des pertes si graves aux Canadiens qui attaquaient. Les Allemands séparèrent les hommes, confinant les officiers dans l'église de la ville et les simples soldats dans une grande usine abandonnée.

La fatigue de la bataille, jumelée à la longue marche, avait depuis longtemps épuisé l'adrénaline qui avait transporté les soldats pendant la bataille. L'épuisement et le doute remplacèrent leur énergie et leur enthousiasme précédents. En l'absence d'officiers, le sergent-major régimentaire britannique Beesley du 3e commando prit la direction et installa les milliers d'hommes dans l'usine. Il s'imposa rapidement en tant que chef des prisonniers. Il leur prononça un discours de motivation sur les tribulations de la vie d'un prisonnier de guerre, et recommanda à tous les soldats de déclarer un rang supérieur lorsque les Allemands les inscrivent.

« La convention de Genève ne permet pas aux Allemands de forcer les prisonniers qui sont des gradés et des officiers commissionnés de travailler ; cependant, les soldats sont des cibles légitimes. Un homme averti en vaut deux ! »

Les Allemands fournirent aux prisonniers affamés du pain noir et un gros chaudron d'ersatz de café. Les hommes n'avaient pas de tasse, donc ils burent le café chacun leur tour avec des boîtes de conserve éparpillées sur le sol de l'usine.

« Comment vont tes pieds ? », demanda Jean-Pierre après avoir repéré son ami.

Maurice défit avec précaution un bandage imbibé de sang qui enveloppait son pied gauche. « Ils sont mieux de ne pas nous faire marcher quelque part bientôt », marmonna-t-il. « J'aurais dû prendre une foutue paire de bottes sur la plage. »

Arthur se promena dans l'usine déserte pour voir ce qu'il pourrait grappiller. Il découvrit une porte près de l'arrière de l'immeuble. Il regarda par-dessus ses épaules pour s'assurer qu'aucun garde ne le regardait, puis il ouvrit lentement la porte. Il passa sa tête dans l'ouverture et vit ce qui ressemblait à une cuisine temporaire, sans doute où les Allemands préparaient le café et rangeaient le pain. *Ils devaient savoir que nous arrivions.* Un baril de douve en bois se trouvait tout juste hors de sa portée. Satisfait que personne ne se trouvait dans la cuisine, il y entra et regarda dans le baril. Celui-ci contenait des branches de céleri. Il prit plusieurs branches et quitta la salle en refermant la porte derrière lui.

« Qu'avez-vous ici ? », demanda un sergent qui aperçut qu'Arthur tentait de dissimuler quelque chose dans sa blouse.

« Quelques branches de céleri », répondit Arthur en prenant un ton absent de formalité militaire.

« Retournes-y et ramène-moi s'en. »

« Allez-y vous-même », répliqua Arthur brusquement en s'en allant.

Confinés dans l'usine abandonnée et entourés par des gardes allemands armés, les prisonniers passèrent des nuits de sommeil agitées, dormant sur le plancher de mâchefer. Jean-Pierre dormait irrégulièrement, se réveillant souvent à cause de ses blessures douloureuses et de ses cauchemars liés aux combats.

Prisonniers de guerre marchant à Envermeu, France. 20 Août 1942. *Musée canadien de la guerre, 19910238-122, Archives photo T 5.5, Image no 7.*

Prisonniers des Fusiliers Mont-Royal, 20 août 1942. Envermeu, France. *http://wehrmacht-awards.com/forums/showthread.php?p=4742012.*

Chapitre 19
Verneuil-sur-Seine, France
20 août 1942 au 2 septembre 1942

Le lendemain matin, les Allemands rassemblèrent les prisonniers de guerre à la station de train voisine. Ils s'alignèrent devant les wagons en bois. Un panneau français apposé sur le côté de chaque wagon indiquait une capacité de 40 hommes ou de huit chevaux.

« Crisse ! », marmonna un Fusilier à l'homme devant lui dans la file. « Les putains de Boche sont sur les toits des wagons avec des mitrailleuses. »

Les Allemands entassèrent les hommes dans les wagons sous la menace d'une arme.

« Nous devons être 80 ici », indiqua Jean-Pierre debout coude à coude avec ses camarades. Les hommes discutaient nerveusement. Ils n'avaient aucune idée de l'endroit où les Allemands les emmenaient. Environ une heure après, le train arrêta à Verneuil-sur-Seine près de Paris. Les gardes allemands firent marcher les Canadiens jusqu'à un champ découvert à l'extérieur du périmètre d'un camp militaire français abandonné de la Première Guerre mondiale. Les prisonniers de guerre reçurent de l'eau dans des seaux, mais pas de nourriture. Après avoir fouillé minutieusement les prisonniers, les Allemands les guidèrent vers des casernes désertées et crasseuses dans le camp. De la vitre cassée des fenêtres craquait sous leurs bottes, les couchettes n'avaient pas de planches de lit, et des cannes vides, des mégots de cigarette et de la bouffe décomposée jonchaient le sol. Les latrines dégageaient une odeur fétide en raison de l'absence d'eau courante. Les hommes essayèrent de nettoyer leurs quartiers du mieux qu'ils le pouvaient, incertains du temps qu'ils allaient y rester.

Camp militaire français de la Première Guerre mondiale. Verneuil-sur-Seine, France.
http://aefcollections.forumactif.org/

Le lendemain, les interrogations commencèrent. Lorsque vint le tour d'Arthur, il redressa les épaules, regarda droit devant et mentionna son nom, son rang et son numéro d'identification.

« Pourquoi n'avez-vous pas débarqué plus loin de la plage et de nos défenses? Nous n'avions rien là-bas », demanda l'officier allemand.

Arthur répéta son nom, son rang et son numéro d'identification.

« Nous vous attendions et vous étiez en retard. Vous étiez censés arriver plus tôt », poursuivit l'officier.

Arthur fit de son mieux pour cacher sa surprise à la suite des remarques de l'Allemand, mais il se rappela les mots du soldat britannique au parc d'attractions Blackpool après l'annulation de l'Opération Rutter. *Votre insigne d'épaule est la deuxième division canadienne, n'est-ce pas ? C'est la division qui est allée à Dieppe ou ailleurs en France.*

De retour dans les casernes crasseuses, Arthur discuta de son interrogation avec les autres Fusiliers. Ils relatèrent tous les mêmes questions.

« Vous souvenez-vous de l'attaque des avions allemands lorsque nous attendions à l'île de Wight ? », indiqua un Fusilier. « Comment Churchill et Mountbatten peuvent-ils avoir été aussi stupides de nous envoyer à Dieppe après ça ? »

« Ils savaient que nous ne prendrions pas les Allemands par surprise, mais ils nous ont envoyés quand même, les bâtards », mentionna un soldat accroupi sur le sol à côté d'Arthur.

« Le Boche qui m'interrogeait était au courant de la crise concernant la conscription au Canada », ajouta un autre Fusilier. « Il savait même que la date était en avril dernier et que le Québec avait voté contre la conscription alors que le reste du Canada avait voté pour. »

« Ils en savaient probablement plus que nous à propos de ce foutu raid », répliqua un autre prisonnier.

Après neuf jours d'interrogatoire, les Allemands ramenèrent les prisonniers à la gare de triage voisine. Faibles après n'avoir mangé que de la soupe trop liquide tous les jours, ils se mirent en file devant le train. Jean-Pierre embarqua dans un wagon déjà bondé. Il remarqua le plancher couvert de paille et un seau vide dans le coin, sans doute pour recueillir les excréments des hommes. *Ce ne sera pas un court trajet en train.*

Wagon français - 40 hommes ou huit chevaux, 1940. *http://www.in-honored-glory.info/html/stories/ifanderson.htm*

Tandis qu'Arthur montait dans son wagon, il remarqua le sergent-major Dumais dans le coin du wagon qui parlait avec deux autres soldats, l'un d'eux, un Fusilier nommé Cloutier. Arthur les entendit parler de s'évader et s'approcha des trois hommes.

« Sergent-major Dumais. J'aimerais me joindre à vous lorsque vous partirez », indiqua Arthur.

Dumais le dévisagea. Arthur se demandait avec anxiété s'il se souvenait de l'incident sur la plage.

« Nous sauterons du train. Peux-tu supporter ça ? »

« Oui Sergent-major ! »

Dumais hocha la tête et expliqua son plan aux quatre hommes. Aussitôt que les Allemands verrouillèrent les portes du wagon, Dumais et Cloutier commencèrent à travailler sur le grillage couvrant une fenêtre étroite. Ils desserrèrent une extrémité et forcèrent le grillage jusqu'à ce que ses attaches se libèrent du cadre en bois sec. Le sergent-major Dumais se glissa à travers la petite ouverture, suivi de Cloutier. Arthur, les mains agrippant le cadre de fenêtre, se préparait à sortir.

« Attendez. Il n'y a pas assez de place ici avant que nous sautions », indiqua Cloutier à travers l'ouverture.

Un peu plus tard, le train ralentit dans un virage et les prisonniers entendirent le cliquetis des mitrailleuses du toit, sans doute en train de tirer sur les deux évadés. Les Allemands étant en état d'alerte, Arthur décida d'attendre une autre occasion. Le train voyagea pendant environ deux heures avant d'arrêter en Belgique. Les Allemands ordonnèrent aux hommes de débarquer, puis séparèrent Les Fusiliers Mont-Royal du reste des prisonniers. Des représentants du gouvernement français de Vichy à la solde de l'Allemagne s'adressèrent aux Fusiliers, faisant l'éloge de leur courage et de leur bravoure. Pour reconnaître leur solidarité avec les Canadiens français et espérant gagner la même chose en retour, ils donnèrent à chaque Fusilier de la nourriture en conserve, du pain et du gâteau. Leur tentative de créer de la dissension échoua lorsque les Fusiliers snobèrent le régime de Vichy et partagèrent leur nourriture avec les prisonniers de langue anglaise des autres régiments. Déçus par la réaction des Fusiliers, les Allemands ordonnèrent aux hommes de retourner dans les wagons.

Jean-Pierre perdit le fil du temps et les journées se succédèrent. Le train voyageait à travers les territoires occupés de la Belgique et de la Hollande, et puis de la vallée de la Ruhr en Allemagne. À l'occasion, il attendait sur des voies d'évitement que les rails devant soient libres de trafic. Pendant l'arrêt, les Allemands ouvraient parfois les portes des wagons et donnaient aux hommes une autre miche de pain et un peu d'eau. Pendant ces pauses, les Allemands ne permettaient pas aux prisonniers de débarquer, mais les hommes saisissaient l'occasion pour vider leurs seaux d'excréments. La chaleur oppressante du wagon et la puanteur insupportable — un mélange de sueur, d'excréments et de vomi — étaient pires que tout ce que Jean-Pierre avait déjà vécu. Certains de ses camarades étaient recroquevillés dans la paille souillée puante tandis que d'autres étaient debout inconscients ou endormis, mais maintenus bien droits grâce à la pression serrée des corps autour d'eux. Déterminé à survivre à cette épreuve, Jean-Pierre chassa les visions et les sons insupportables qui l'entouraient en pensant à l'Angleterre et à sa dernière étreinte passionnée avec Mary.

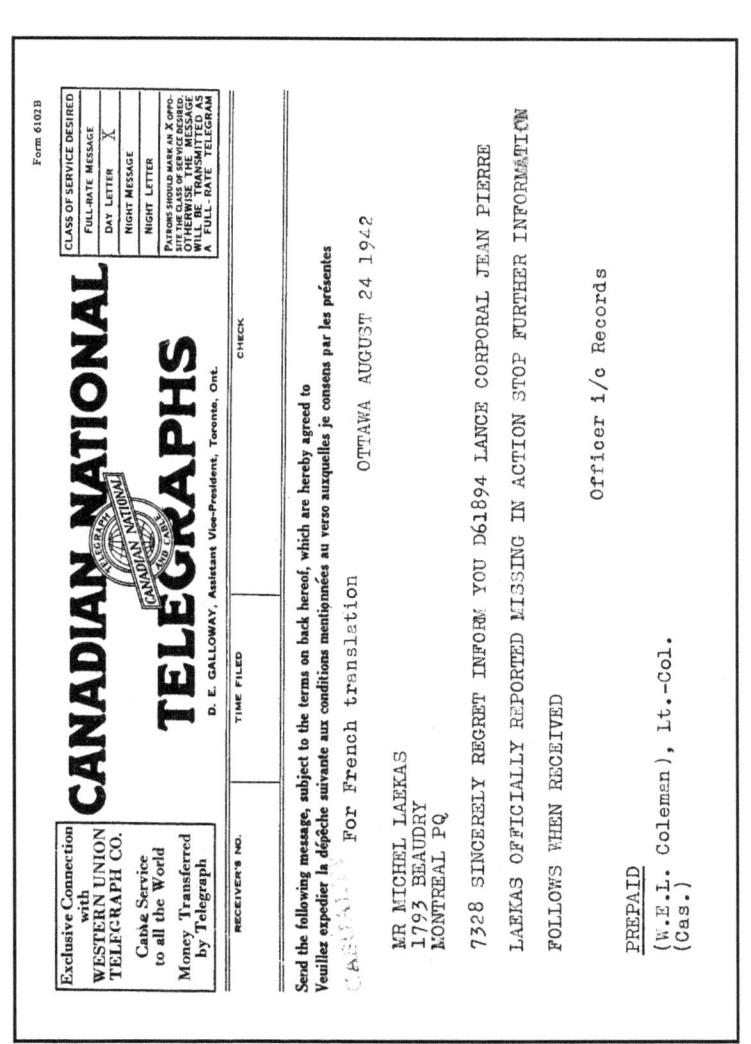

Télégramme de l'armée canadienne envoyé au père de Jean-Pierre le 24 août 1942. Porté disparu. *Collection privée.*

Chapitre 20
Lamsdorf, Allemagne — Stalag VIIIB
Prisonniers de guerre
3 septembre 1942

Le train s'arrêta à la gare de Sowin tout juste à l'extérieur de la ville de Lamsdorf, en Allemagne, le 3 septembre 1942. La porte coulissante en bois s'ouvrit et les Allemands avec leurs fusils parés à tirer crièrent aux hommes de sortir. Le périple en train de cinq jours en partance de Verneuil-sur-Seine avait affaibli Jean-Pierre. Ses jambes endolories l'empêchaient de sauter hors du train ; il dut donc se pencher, s'asseoir sur le rebord du wagon, et descendre lui-même sur le sol. Il se tenait debout s'appuyant contre le rebord, ses yeux tentant de s'ajuster au soleil radieux. D'autres prisonniers de guerre reposaient sur le plancher crasseux du wagon, incapables de bouger ou de se lever. Les gardes allemands ordonnèrent aux prisonniers en bonne santé de transporter les blessés hors du train. Jean-Pierre regarda ses camarades retirer quatre corps immobiles, des soldats décédés des suites de leurs blessures pendant le transport. Encore vidé sur le plan émotionnel par ce dont il avait été témoin sur la plage de Dieppe, il ne ressentit rien lorsque les corps de ses camarades morts passèrent devant lui.

Le sergent-major Beesley leur demanda de se rassembler, ce qui ramena Jean-Pierre à la réalité. S'appuyant sur ses jambes chancelantes, il se joignit au groupe de prisonniers. Les Allemands escortèrent la colonne d'hommes disparate jusqu'au bout de la route où ils tournèrent à gauche et passèrent devant un cimetière, ce qui provoqua des discussions nerveuses dans les rangs. Tout juste après le cimetière, ils tournèrent à droite sur une étroite route pavée de granite et bordée de marronniers. La colonne de soldats meurtris et fatigués clopinant sur la route créait un contraste saisissant avec le décor campagnard tranquille des arbres majestueux. Ils clopinèrent, titubèrent et marchèrent sur une certaine distance jusqu'à ce que la route sinueuse les amène vers un vaste champ.

Jean-Pierre plissa les yeux sous le soleil radieux avant de pouvoir distinguer une haute clôture barbelée à plusieurs fils qui entourait une vaste enceinte. Des tours en bois se dressaient à intervalles réguliers le long de la clôture, chacune munie d'une mitrailleuse et de projecteurs. Les miradors s'élevaient haut au-dessus de la clôture, offrant aux gardes une vue surélevée de l'intérieur du camp et de la zone dégagée à l'extérieur de la clôture se rendant jusqu'à la forêt.

« Montrons à ces foutus Boches de quel bois se chauffent les Canadiens », cria le sergent-major.

Ensemble, la formation se redressa les épaules, se mit le dos droit, et marcha vers le camp en cadence en balançant les bras. Tandis qu'il s'approchait de l'entrée, Jean-Pierre leva les yeux vers une tour à proximité. Le soldat allemand qui s'appuyait sur la mitrailleuse lui rendit son regard au-dessus du baril de la mitrailleuse. À l'intérieur du camp, Jean-Pierre marcha devant des rangées de casernes derrière d'autres clôtures barbelées. Des soldats allemands debout à proximité regardaient le cortège, dont certains tenaient en laisse des dobermans qui essayaient de mordre et tentaient d'atteindre les nouveaux prisonniers. Même si le doute et la peur s'installaient dans l'esprit de Jean-Pierre, il effectua sa meilleure version d'une marche sur le terrain de parade vers le camp.

Le Stalag VIIIB, situé dans une forêt de pins près de la frontière tchèque en Pologne occupée, comprenait huit enceintes entourées par deux clôtures barbelées de neuf pieds concentriques et des miradors toutes les 100 verges. Plusieurs centaines de soldats allemands surveillaient jour et nuit les détenus du camp. Dans l'éventualité où des renforts étaient nécessaires, 100 soldats additionnels et des véhicules blindés stationnés dans une base voisine répondraient à l'appel.

Les gardes allemands menèrent la colonne de Canadiens le long du réseau de routes du camp qui séparait les nombreux immeubles. Tandis qu'ils passaient plusieurs enceintes, les prisonniers britanniques crièrent des mots d'encouragements aux nouveaux arrivants. *Nous devons être des milliers ici,* pensa Jean-Pierre tandis qu'il marchait devant les prisonniers qui applaudissaient et saluaient derrière le fil barbelé.

Les Allemands les escortèrent vers un terrain vague, comptant les hommes tandis qu'ils entraient et dirent au prisonnier en charge de regrouper les hommes sur le terrain de parade. Le sergent-major Beesley aboya l'ordre et les hommes se regroupèrent rapidement en formation.

« Avant de vous envoyer à votre enceinte, vos cheveux seront coupés et vous serez emmenés aux cabines de bain en groupes de 20 soldats pour l'épouillage. Vos vêtements seront aussi épouillés », indiqua l'officier allemand. « Cette mesure vise à empêcher la propagation du typhus de vos poux et des autres vermines qui se trouvent sur vos vêtements et sur votre corps. »

Des chuchotements inquiets parcoururent la formation, les hommes se rappelant les nombreuses atrocités commises par les Allemands contre les civils et les soldats polonais, y compris l'utilisation du prétexte d'une douche pour gazer leurs victimes. En réaction à cette agitation, les gardes allemands utilisèrent leurs fusils et mitraillettes pour intimider les soldats assemblés. Maurice se tourna et regarda avec appréhension Jean-Pierre qui se tenait à proximité. Les deux hommes réalisèrent la futilité de toute tentative de résistance. Résignés à leur sort, Maurice et Jean-Pierre suivirent la longue file d'hommes menant à la chaise du barbier. Un barbier rasa leurs têtes, puis ils se rendirent à un petit immeuble où ils enlevèrent leurs vêtements et les étiquetèrent avec leurs noms. *Ils se donnent beaucoup de trouble s'ils planifient seulement de nous gazer,* pensa Jean-Pierre tandis qu'il retirait ses vêtements et mettait un morceau de papier avec son nom dans la poche de sa blouse. Il marcha avec les autres hommes vers les cabines de bain. À son grand soulagement, les douches laissaient échapper des jets d'eau et non des nuages de gaz. Jean-Pierre enleva la saleté, la poussière, et le sang du mieux qu'il pouvait avec une main, en s'assurant d'éviter de mettre de la pression sur son pouce enflé et son oreille. La sensation de l'eau sur son corps et la tâche de se laver occupèrent son esprit. Tandis qu'il se séchait et s'habillait dans ses vêtements épouillés, ses pensées retournèrent à Dieppe. *Malgré tout mon entraînement, je n'ai pas réussi à me rendre à l'usine de tabac. Contrairement à Maurice, je n'ai jamais tiré avec mon fusil sur ces foutus Allemands. Je n'ai même pas bougé du bas des falaises. En ne faisant rien, j'ai survécu au terrible massacre, tandis que de nombreux soldats sont morts au combat.* La culpabilité qu'il ressentait le rongeait.

Des douches, il se rendit à l'enregistrement et à la photographie.

« Nom, rang et numéro de série », énonça un officier allemand dans un français parfait.

« Laekas », répondit-il. « Caporal suppléant, D61894. »

« Comment épelez-vous votre nom ? »

« L A E K A S », dit-il lentement.

L'officier allemand acquiesça. Il écrit l'information sur un tableau muni d'une corde. Il donna le tableau à Jean-Pierre, et lui ordonna de l'accrocher autour de son cou et de se tenir debout devant la caméra. *Ils nous photographient comme si nous étions des criminels.* Jean-Pierre eut honte.

L'Allemand prit la photo, récupéra le tableau et donna une longueur de ficelle à Jean-Pierre. Sur celle-ci pendait un petit insigne nominatif plat et rectangulaire. Une ligne de trous allongés divisait le morceau de métal en deux sections. *Ils brisent probablement un morceau lorsque quelqu'un décède,* pensa Jean-Pierre en touchant l'insigne. Des deux côtés de la dentelure, l'insigne contenait la même information, Stalag VIIIB, 26652. *Je ne suis pas le prisonnier 26652. C'est impossible.* Il regarda la ficelle autour de son cou. *Je suis encore le Fusilier D61894 et je serai toujours un Fusilier jusqu'à la fin de cette foutue guerre.*

Chapitre 21
Lamsdorf, Allemagne — Stalag VIIIB
Les règles
3 septembre 1942

Le Stalag VIIIB avait un grand hôpital appelé le Lazarett, pour traiter les affections des prisonniers de guerre. Un officier allemand gérait l'hôpital, mais à l'exception d'un préparateur en chef allemand en contrôle des magasins, le reste du personnel ne comprenait que des prisonniers. On comptait des médecins généralistes et des chirurgiens, des psychiatres, des anesthésistes et des radiologues. L'hôpital, situé sur un terrain de six acres dans la forêt, comptait onze immeubles en béton. Six de ces immeubles étaient des blocs ou des services parallèles, contenant chacun de 70 à 100 patients. L'hôpital avait la capacité de servir les besoins en consultation externe de 30 000 hommes.

Un officier allemand envoya tous les prisonniers blessés à l'hôpital subir un examen avec un médecin. Ils marchèrent sous surveillance pendant environ un mile à l'extérieur du périmètre du camp, certains titubant, certains s'appuyant sur leurs camarades pour obtenir un soutien, et certains transportant les blessés graves sur des brancards. Jean-Pierre gardait sa main gauche près de sa taille. Enflée à près du double de sa taille normale, elle démangeait et élançait de manière incontrôlable. *Où nous emmènent-ils putain de merde ? Ont-ils vraiment un hôpital ? Peut-être qu'ils vont seulement nous fusiller.*

Ils atteignirent finalement l'hôpital, faisant la queue en attente d'être traités.

« Numéro de prisonnier et nature des blessures », demanda le préposé aux soins.

« D61894. Mon ... »

« Pas ce numéro », a interrompu l'ordonnée. « J'ai besoin de votre numéro de stalag. »

Jean-Pierre prit son étiquette d'identification.

« 26652 », marmonna Jean-Pierre humilié et agacé par son nouveau numéro. « Mon oreille et ma main », dit-il en pointant sa tête et en étendant sa main enflée.

Le préposé aux soins nota l'information sur un formulaire et lui indiqua de rejoindre la file d'attente pour subir l'examen d'un médecin. Une heure plus tard, Jean-Pierre se tenait finalement devant un médecin. Il retira le pansement de la tête de Jean-Pierre et examina son oreille.

« Vous êtes chanceux. La blessure paraît pire qu'elle ne l'est réellement. Un petit morceau de votre oreille est parti, mais elle guérit bien. Comment est votre ouïe ? »

« Lorsque c'est arrivé, je ne pouvais pas entendre, mais ça semble être revenu. »

« Examinons votre main. » Le médecin retira doucement le bandage souillé. « C'est un gâchis. C'est infecté et la meilleure chose à ce point-ci serait d'amputer votre pouce pour sauver votre main. »

« Jamais de ma foutue vie, docteur », indiqua Jean-Pierre en retirant sa main de l'étreinte du médecin. « Nettoyez-la et donnez-moi un bandage. »

Le médecin regarda l'expression déterminée sur le visage du jeune soldat. Avec les autres patients qui attendaient, il n'avait pas le temps de débattre.

« Bien », indiqua-t-il en haussant les épaules. « J'espère pour vous que ça guérira. »

Il rouvrit la blessure à moitié fermée et la nettoya avec un produit désinfectant. Jean-Pierre ne broncha pas. Le médecin demanda à un préposé aux soins de bander son pouce, et de nettoyer et de bander son oreille.

« Je veux que vous reveniez me voir dans trois jours. Je vous dirai alors si nous allons garder votre pouce ou non », indiqua le médecin en mettant sa main sur l'épaule de Jean-Pierre.

Lorsqu'il retourna au camp, Jean-Pierre fit le point sur son environnement. Semblable à toutes les autres enceintes devant lesquelles il était passé en arrivant, une clôture de fil barbelé entourait l'enceinte canadienne. La clôture entourant leurs casernes ressemblait à un trapézoïde, avec un côté un peu plus long, car il filait en angle suivant la limite des arbres. Quatre longues casernes en béton grises numérotées de 19 à 22 étaient disposées parallèlement l'une à l'autre et un terrain de parade faisait face aux premières casernes près de l'entrée de l'enceinte. Chaque caserne comprenait deux sections ou huttes, appelées A et B qui logeaient 140 hommes.

Jean-Pierre entra dans sa nouvelle résidence à la caserne n° 19, hutte B. Les gardes avaient séparé aléatoirement les prisonniers à leur arrivée, alors Jean-Pierre partageait sa hutte avec des prisonniers de différents régiments capturés à Dieppe. Certains étaient des Fusiliers tandis que d'autres provenaient des Cameron Highlanders du Canada, de la Royal Hamilton Light Infantry, des Calgary Tanks, de la Marine royale et des Commandos britanniques n° 3.

Des rangées de couchettes en bois à trois étages remplissaient la hutte. Planches en bois supportant les matelas en paille des couchettes. Une seule couverture de laine mince était pliée sur le dessus du chaque matelas. Une petite aire ouverte contenait trois tables et six bancs ainsi qu'un four alimenté au charbon. Un grand abreuvoir pour chevaux divisait les deux sections des casernes et servait de station de lavage pour les 280 hommes. Après avoir trouvé sa couchette, Jean-Pierre marcha vers le terrain de parade à la recherche des latrines. Faisant face à ses casernes près de la clôture de l'enceinte, un immeuble en béton plus petit abritait la seule latrine. Il y entra et eut un réflexe nauséeux. Elle comptait 40 trous comme celle de Valcartier, y compris l'odeur fétide.

De l'autre côté de la route du camp, une enceinte retenait des hommes portant des uniformes de la RAF qui regardaient les Canadiens intensément.

« Salut camarade. D'où venez-vous ? », cria un prisonnier debout derrière la clôture.

« Armée canadienne, deuxième division », répondit Jean-Pierre. « Nous avons débarqué à Dieppe, mais... », Jean-Pierre ne put continuer.

« Ne t'en fais pas, camarade. Les Boches ont peut-être gagné la bataille, mais ils n'ont pas encore gagné la guerre. Ce n'est pas demain la veille. Ne vous laissez pas affecter. Je suis ici depuis Dunkerque. »

Les mots du prisonnier réconfortèrent un peu un Jean-Pierre abattu. Il salua l'homme avant de retourner aux casernes. *Il semblait assez en santé et enjoué considérant qu'il est ici depuis deux ans.*

Ce soir-là, Jean-Pierre, Maurice, Arthur et les autres Fusiliers écoutèrent une séance d'information donnée par le sergent-major Beesley.

« Messieurs, j'ai parlé avec nos voisins de la RAF qui m'ont donné un compte rendu de ce à quoi nous pouvons nous attendre ici. Nous avons combattu ensemble et maintenant nous subirons ça ensemble. »

Je n'ai pas combattu, pensa Jean-Pierre.

« Je soupçonne que nous avons une longue route devant nous. Les Allemands ont l'avantage en ce moment, mais croyez-moi, la guerre prendra fin, et nous sortirons d'ici », dit-il avant de marquer une pause, puis il regarda les hommes avant de continuer.

« Nous avons laissé de nombreux bons amis et camarades derrière nous à Dieppe, mais nous ne pouvons pas faire grand-chose pour venger leur mort. Il serait inutile de gâcher nos vies en commettant des actes de sabotage ou des meurtres irrationnels et individuels. Vous êtes de fiers soldats et je m'attends à ce que vous vous comportiez et habilliez en conséquence. » Il sonda son public attentif, mais les hommes restèrent immobiles, attendant qu'il continue.

« Vous suivrez les règlements du camp ou je garantis personnellement que je rendrai votre vie encore plus misérable pendant votre séjour ici. » Il regarda encore les hommes avec un regard délibéré et rigide afin de mettre l'accent sur le pouvoir des mots. Personne ne dit mot.

« J'ai de bonnes nouvelles. Votre lieutenant-colonel Ménard, bien qu'il fut blessé lors de l'attaque, est retourné en Angleterre sain et sauf. »

Les Fusiliers rassemblés hurlèrent de joie. Lorsque les hurlements s'estompèrent, Beesley continua.

« Je veux que vous sachiez que nous avons parmi nous un homme qui a choisi de se joindre à nous en tant que captif, au lieu de retourner en Angleterre le 19 août. »

Les hommes regardèrent autour d'eux en se demandant de qui il parlait.

« Il s'agit du capitaine John Foote, l'aumônier de la Royal Hamilton Light Infantry. On m'a dit que non seulement il a aidé de nombreux soldats blessés à retourner aux bateaux qui attendaient, mais il est aussi retourné volontairement à la plage afin d'aider ceux d'entre nous qui ont été capturés. Juste au cas où l'un d'entre vous serait tenté de s'apitoyer sur son sort, pensez au sacrifice que le père a fait. »

Plusieurs hommes hochèrent la tête, ayant été témoins de ses gestes altruistes et courageux sur la plage.

« Maintenant les détails », dit-il en regardant plusieurs feuilles de papier. « Votre journée commencera à 0600 heures lorsque, peu importe la saison, le temps ou la température, le système de haut-parleurs de l'enceinte vous demandera de vous réunir sur le terrain de parade pour l'appel de noms. On pourrait aussi vous encourager à vous lever avec un petit coup de baïonnette allemande. Vous devrez vous aligner en colonnes de cinq. Les Allemands compteront et compareront les résultats au nombre inscrit. S'il n'y a pas de divergence, ce processus prendra seulement une heure environ. »

Il leva les yeux de ses notes avant de continuer.

« Selon mes amis de la RAF, le processus pourrait durer plusieurs heures jusqu'à ce qu'il y ait un consensus sur les chiffres. Lorsqu'il y a consensus, vous recevrez une tasse d'ersatz de thé chaud à la menthe. Pour ceux qui n'aiment pas le thé, je vous suggère de l'utiliser pour vous raser, car nous n'avons pas l'eau chaude courante. En plus du thé, chacun de vous sera limité à une tasse d'eau par jour. »

Le sergent-major fit une pause tandis qu'il parcourait ses papiers. Personne ne parlait, attendant patiemment qu'il continue.

« À 1100 heures, vous recevrez chacun un bol de ce que la RAF appelle une soupe de planches de lit. Apparemment, elle n'est pas faite à partir de planches, elle n'a que le même goût. Elle pourrait en fait contenir de l'orge. Autour de 1500 heures, les Allemands distribueront votre ration du souper. » Il fit une pause en souriant. « Maintenant, vous pouvez probablement deviner que ce ne sera pas la tourtière de votre mère. »

Les hommes éclatèrent de rire.

« Chaque groupe de six hommes recevra une miche de pain noir allemand fait de grain de seigle, de bran de scie, de feuilles, de paille et de betteraves à sucre. Vous recevrez aussi de trois à cinq patates bouillies, selon leur taille. À l'occasion, les Allemands ajouteront un morceau de fromage, et si vous êtes chanceux, ce sera du vrai fromage. Il pourrait aussi y avoir de la margarine ou de la confiture. Une fois par semaine, vous pourriez recevoir une petite portion de saucisse allemande ou peut-être un petit morceau de poisson ».

Les hommes se regardèrent incrédules en se demandant comment ils pourraient survivre avec d'aussi petites portions.

« Je vais maintenant attirer votre attention sur un fait non réalisé par certains dans notre ancien monde d'abondance. Les tranches de pain, de patate, de fromage et de saucisse du bout sont plus petites que les tranches du milieu. La RAF choisit un homme dans son groupe pour couper la nourriture en tranches. Puis elle pige afin de déterminer l'ordre pour choisir leur tranche. Je vous propose de faire pareil. » Il fit une pause. « Des questions jusqu'ici ? »

« Crisse! Comment sommes-nous censés survivre avec ça ? », demanda un Fusilier.

« Je suis content que vous le demandiez », répondit Beesley sachant qu'il avait l'attention complète des hommes.

« À un moment donné, nous commencerons à recevoir des colis de la Croix-Rouge. Selon la RAF, ces colis sont une bénédiction, car elles incluent de la nourriture dont vous aurez besoin pour survivre », dit-il en regardant l'homme qui avait posé la question. « L'attribution de la nourriture doit être gérée attentivement. La RAF se réunit en petits équipes. Deux, trois ou quatre hommes partagent leur bouffe et leurs vêtements, et tout ce qu'ils pourraient avoir. Ça me semble une autre bonne idée. »

Certains hommes hochèrent la tête en accord et firent signe à des amis.

« À 1600 heures, l'appel de noms se fera encore, puis vous serez confinés à vos casernes jusqu'au lendemain matin. Les Allemands puniront tout homme qui se fait prendre à l'extérieur des casernes la nuit. Ils patrouillent régulièrement l'enceinte avec leurs chiens de garde doberman lorsque nous sommes à l'intérieur pour la nuit et ils laissent parfois les chiens libres sans avertissement. Ces chiens sont vicieux ; si vous devez aller aux latrines après la fermeture des lumières, soyez très prudents. »

Jean-Pierre regarda Maurice qui haussa simplement les épaules.

« Une fois par mois, vous serez escortés aux cabines de bain pour des douches collectives de 10 minutes tandis que vos matelas seront gazés avec du cyanure pour tuer les punaises de lit et les poux qui partagent votre lit. Vous pouvez écrire deux lettres et quatre cartes postales par mois. Vous recevrez des cartouches de cigarettes. Même si vous ne fumez pas, gardez ce que vous recevez. Les cigarettes sont la devise du camp et les gardes sont désireux de mettre la main sur de vraies cigarettes. Apparemment, les cigarettes allemandes goûtent la merde. »

« Ça sert bien ces bâtards », marmonna un prisonnier. Le sergent-major ignora le commentaire et continua.

« La RAF m'a dit que certains gardes sont comme notre compagnon l'a dit, des bâtards. Ne les provoquez pas. Bien que l'Allemagne soit liée par la convention de Genève en ce qui concerne la façon de traiter les prisonniers de guerre, certains gardes cherchent une excuse pour brutaliser ou tuer les prisonniers. Si vous avez remarqué, un court fil suit parallèlement la clôture de l'enceinte. Les gardes ont l'ordre de tirer sur quiconque l'enjambe, et ils le font. La RAF a perdu quelques-uns de ses gars qui l'ont enjambé intentionnellement ou accidentellement. »

Sentant un besoin d'alléger l'humeur parmi les hommes, Beesley a changé le sujet.

« Pour les caporaux et les plus haut-gradés qui s'ennuient, l'enceinte des travaux affiche des emplois de tous genres. C'est étrange, mais il semble que nous ayons davantage de gradés que lorsque nous avons quitté l'Angleterre. »

Les hommes rirent en se rappelant ce qu'il leur avait dit de faire à Envermeu.

« Il existe des centaines de ces groupes de travail ou Arbeitskommandos comme ils les appellent. Apparemment, il y a du travail dans les usines, les mines, les carrières, les scieries, vous le nommez, ils l'ont. Pour ceux qui recherchent des activités moins ardues, le camp possède une bibliothèque que vous pouvez utiliser selon un horaire par enceinte. »

« Je ne travaille pas dans une foutue carrière. Je suis un soldat, pas un laboureur ! », hurla l'un des Canadiens, ce qui causa des débordements parmi les autres prisonniers.

« C'est assez ! Je n'ai pas encore terminé. » Le sergent-major retourna sa dernière feuille.

« Grâce à nos diligents voisins, nous recevrons des mises à jour sur la situation de la guerre. Ils ont construit des récepteurs radio à l'aide de matériaux du camp qui syntonisent la BBC. »

Les hommes sourirent à la petite lueur d'espoir dans le sombre communiqué de Beesley.

« Les choses ne seront pas plaisantes ici, mais ça pourrait être pire. Il y a un camp de prisonniers soviétiques à côté de nous et, de temps à autre, vous verrez peut-être un wagon tiré par des bœufs. Le wagon sera probablement rempli de prisonniers décédés. Les Allemands jettent leurs corps dans une fosse dans un champ découvert voisin, les couvrent de chaux, et un bulldozer remplit le trou. Quelque 30 000 prisonniers soviétiques s'y trouvent. Chaque jour, certains meurent de faim, du typhus, ou des sévices de leurs gardes. La convention de Genève ne les protège pas, car l'Union soviétique n'a pas signé la convention. Ils n'ont pas de Croix-Rouge, donc ils ne reçoivent pas de colis de la Croix-Rouge. La plupart, si ce n'est la totalité, mourront ici ou dans un autre Stalag. » Il glissa ses papiers dans la poche de sa tenue de combat et regarda les hommes avec assurance.

« C'est tout pour l'instant les gars. La journée a été foutrement longue. Nous nous en sortirons ensemble. »

Le sergent-major laissa les hommes épuisés trouver leur couchette et reprendre du sommeil bien nécessaire.

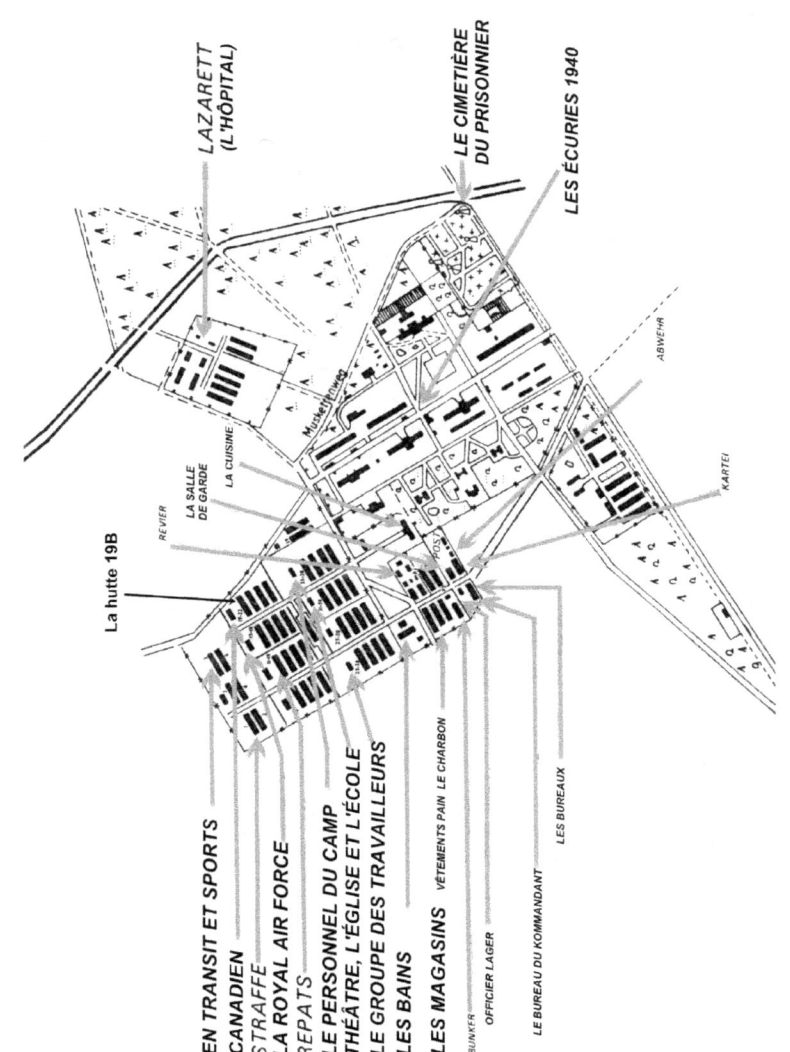

Plan du Stalag VIIIB, Lamsdorf, Allemagne. 1942. *Paul Juteau, No.30 manuscrit.*

Chapitre 22
Lamsdorf, Allemagne — Stalag VIIIB
L'adaptation
Septembre 1942

Trois jours plus tard, Jean-Pierre retourna à l'hôpital.

« Bien, bien, bien. Vous êtes un dur à cuire. Un dur à cuire très chanceux », indiqua le médecin tandis qu'il examinait la main de Jean-Pierre. « Votre pouce réagit bien et l'enflure a diminué. La plupart des cas comme le vôtre finissent par l'amputation du membre afin d'empêcher une perte plus grave ou le décès. Revenir seulement si l'infection revienne. »

La bonne nouvelle ne réussit pas à redonner le moral à un Jean-Pierre abattu. Il ne s'attendait pas à ce que sa quête d'aventure en vienne à cela, un prisonnier de guerre blessé et humilié détenu dans un camp situé profondément en territoire ennemi et coupé de la fille qu'il aimait. Tandis qu'il approchait des casernes, Jean-Pierre aperçut Maurice qui discutait avec d'autres prisonniers dans l'enceinte. Il ne put s'arrêter de rire à la vue de son ami jovial qui marchait maladroitement vers lui.

« Où te les es-tu procurés ? », demanda Jean-Pierre en pointant les pieds de son ami.

« Les Allemands ont trouvé une paire qui me va », répondit Maurice avec un grand sourire en regardant ses sabots en bois. « Ils ne sont pas trop confortables et ils coupent mes chevilles lorsque je marche, mais c'est mieux que de marcher nu-pieds. »

Les deux amis marchèrent ensemble, parlèrent du camp et se consolèrent en compagnie de l'autre. Jean-Pierre partagea ses pensées et ses émotions avec Maurice en espérant atténuer le fardeau de culpabilité qui pesait sur lui.

« Jean-Pierre, tu sais que tu as fait de ton mieux. Tu ne devrais pas te sentir coupable. Si quelqu'un doit se sentir coupable, ce sont les idiots qui ont organisé le raid et qui ont cru qu'il fonctionnerait. Nous allons sortir d'ici. Je ne prévois pas de passer le reste de la guerre en tant que prisonnier. »

Les semaines passèrent et Jean-Pierre digérait graduellement sa situation. Malgré ses blessures, il savait que sa condition ne se comparait pas à d'autres soldats à l'hôpital qui souffraient de graves malaises physiques et mentaux. Il croyait Maurice. D'une manière ou d'une autre, ils allaient s'échapper et il avait besoin d'un corps et d'un esprit sains pour y arriver. Encouragé par l'attitude positive de Maurice, il se fixa des objectifs.

« Je serai prêt lorsque le temps viendra. Tandis que le temps chaud est encore avec nous, je vais marcher, courir et faire des exercices. Je vais jouer n'importe quel sport qu'ils ont. Lorsque je ne pourrai pas m'entraîner dehors, je m'entraînerai dans les casernes », dit-il à Maurice.

« Que feras-tu? Utiliser les couchettes comme course à obstacles ? » Maurice rit de la sincérité et de la passion de Jean-Pierre pour son nouvel objectif.

« Ne t'inquiète pas. Je le ferai. Que feras-tu pour rester en forme ? »

« Ne t'en fais pas pour moi Jean-Pierre. Je suis né en forme. »

Fidèle à ses paroles, Jean-Pierre commença à s'entraîner et à faire du sport. Il lisait aussi des livres de la bibliothèque, apprenait comment jouer aux échecs, et étudiait l'allemand.

« Lorsque nous sortirons d'ici, tu seras content que je parle allemand. »

« Je ne vais nulle part avant de trouver une paire de bottes. Peux-tu m'imaginer essayant de distancer les Allemands avec ces sabots ? », répondit Maurice en pointant ses souliers en bois usés.

Le 20 septembre, un mois après leur capture, les prisonniers reçurent de minces feuilles de papier pour écrire des lettres. En prévision d'une visite de la Croix-Rouge internationale visant à inspecter les prisonniers récemment arrivés et l'état de leurs quartiers, les Allemands donnèrent à chaque homme juste assez de papier pour écrire deux lettres même si la Croix-Rouge stipulait qu'ils pouvaient écrire deux lettres et quatre cartes postales chaque mois.

Jean-Pierre s'assit dans un endroit discret pour écrire une lettre à ses parents et une à Mary. Le fait d'être enfin en mesure de communiquer avec quelqu'un à l'extérieur du camp stimula son moral et son sentiment de liberté. La lettre qu'il écrit à ses parents leur disait de ne pas s'inquiéter et qu'il écrirait souvent. Sa tendre lettre à Mary contenait l'expression sincère de son amour pour elle et de la douleur qu'il ressentait en raison de leur séparation. Lorsqu'il termina d'écrire sa lettre, il embrassa son nom, plia le papier, et la mit dans la poche de sa blouse jusqu'à ce qu'il puisse l'envoyer. Symboliquement, une partie de lui quitterait le camp avec les lettres.

Huit jours plus tard, une délégation de la Croix-Rouge visita le camp pour inspecter les installations des nouveaux arrivants. Ils parcoururent l'enceinte canadienne escortés par le commandant du camp, des officiers allemands et le sergent-major Beesley. Tout semblait être en règle. La Croix-Rouge laissa quelques filets et ballons de volleyball, ainsi que quelques ballons de soccer. Ils apportèrent aussi des bâtons de baseball, mais les Allemands les détruisirent à la recherche de secrets, d'armes ou d'outils de fuite cachés à l'intérieur. Les représentants de la Croix-Rouge écrivirent un rapport favorable, le partagèrent avec le commandant du camp et partirent avec les paquets de courrier.

Après six semaines de maigres rations, Jean-Pierre avait perdu 20 livres. Ses vêtements pendaient librement sur son ossature décharnée. Son corps s'adaptait à l'apport alimentaire réduit et sa perte de poids avait cessé. Au souper, il savourait les restes de sa tranche de pain noir, en visualisant le festin qu'il commanderait après sa libération.

« Lorsque je sortirai, je vais manger un bœuf rôti comme celui que la mère de Mary cuisine le dimanche », confia-t-il à Maurice. « Il y aura deux abouts avec une croûte légèrement brûlée et croustillante, du pouding Yorkshire gonflé brun doré, une montagne de patates pilées brûlantes, et une portion de carottes. Le tout nappé d'une sauce brune chaude faite de graisse de rôti. »

« En ce moment, je pourrais me contenter d'un hamburger juteux et d'une assiette de frites, ou peut-être d'une grande portion de pâté chinois. Je peux l'imaginer dans mon assiette et voir la vapeur qui monte », répliqua Maurice en salivant. « Merde, je peux même le sentir. »

Jean-Pierre mit le dernier morceau de pain dans sa bouche, ferma les yeux et essaya de s'imaginer le goût du rôti de bœuf.

« Je ne peux pas croire que les Allemands ne donnent que cette quantité de nourriture à leurs soldats », indiqua un prisonnier assis à côté d'eux. « La convention de Genève stipule qu'ils doivent nous donner le même type et la même quantité de nourriture qu'ils donnent à leurs soldats. Je crois que ces salauds sur la plage à Dieppe semblaient très bien nourris. Qu'en pensez-vous ? »

« Je crois que tu devrais déposer une plainte pour voir où ça te mènera, enfoiré », railla un prisonnier de l'autre côté de la table fatigué d'entendre les discussions interminables sur la nourriture.

L'autre homme se leva pour relever le défi.

« C'est assez », beugla un sergent en se mettant entre les deux belligérants. « Vous êtes mieux de vous souvenir de ce que Beesley vous a dit. Vous êtes des soldats dans la foutue Armée canadienne et vous êtes foutrement mieux d'agir comme des soldats. Les Allemands ne souhaitent rien d'autre que de nous voir nous sauter à la gorge, mais ça n'arrivera pas. Vous comprenez ? », dit-il en lançant un regard furieux à l'un, puis à l'autre.

« Oui Sergent », marmonna l'instigateur tandis qu'il s'en allait.

Stalag VIIIB avec l'enceinte canadienne en arrière-plan. *Imperial War Museum, HU_047094.*

Photo de groupe de certains des occupants de la caserne 19B. Stalag VIIIB, Lamsdorf, Allemagne. Jean-Pierre Laekas troisième rangée, 6e à partir de la gauche. *I am Canada, Prisoner of Dieppe, Hugh Brewster, page 209.*

314 Catherine street north Hamilton

Regiment de Quebec

Pte Henri Alexandre Montreal Pte Robert Alexandre Montreal Pte Real Allard Montreal Pte Paul Emile Archambault Montreal Acting L-Cpl Pierre Archambault, Montreal Pte. Roger Archambault Montreal Acting L Sgt. Paul Arseneau Drummondville Que Pte Gerard Aubry Terrebonne Pte Joseph Aubut Victoria county NB Acting L-Cpl Lucien Auclair Montreal Pte Gerard Audet Montreal Pte Louis Audet St Hermenegilde Que Acting L Cpl Roger Audet Montreal Pte Archill Auger address unknown Pte Jean Barre Montreal Pte Paul Emile Barrette Montreal Pte Paul Barry, Mackayville Que Pte Joseph Beaucage Montreal Pte Albert Beauchamp Montreal Pte Rolland Beauchamp Montreal Acting L Cpl Antonio Beaudoin Compton Que Acting Sgt Dona Beaudoin Montreal Pte Laurent Beaudoin Ste Christine Que Pte Paul Emile Beaudoin Montreal Pte Bernard Joseph Alphe Beaudry Que Pte Aime Beaulieu Montreal Pte Alexis Beaulieu Rivere du Loup Que Pte Georges Beaulne Lachine Que Pte Armand Beauvais, Montreal Pte Roger Bedard Montreal Pte Roland Bedard Montreal Acting L Sgt Julien Belair Montreal Pte Leo Belisle Montreal Acting Cpl Antonin Benjamin Montreal Pte Sylvio Benjamin St Brigide Que Pte Octave Benoit, Montreal Cpl Paul Emile Benoit Montreal Cpl Sylva Albert Benoit Montreal Pte Edward Beresford St Therese Que Pte Lorenzo Bernier Saya bec Que Pte Leslie Bernick, Hawkesbury Ont Pte Florian Bertrand Montreal, Pte Louis Bertrand Montreal Acting Cpl Roger Berube Montreal Pte Adrien Bilodeau Montreal Acting Sgt Roland Bilodeau Montreal Pte Gerard Binette Montreal Pte Joseph Alphonse Bisson St Simon Les Mines Que Pte Antoine Blais Montreal Pte Roland Blais address unknown Pte Valere Blanchard Paquetville, NB Pte Marcel Blondon Montreal Pte Louis Boily, Montreal Sgt Arthur Boivin Montreal Sgt Jean Baptiste Bock St Jerome Que Pte Jean Paul Bonneau St. Jean, Que CQMS Gilles Bouchard Louisville Que Pte Montreal Pte Henri Fontaine Montreal Pte Wilfrid Fortin Contre-Coeur Que Pte Marcel Fournier Montreal Pte Arthur Fraser Montreal Pte Paul Frigault Montreal Pte Jacques Pyfault Montreal Acting L-Cpl Napoleon Gagne Montreal Pte Arthur Galarneau Montreal Pte Roland Galarneau Montreal Acting L Cpl Real Galipeau Granby Que Pte Antonio Gariepy Ottawa Acting L Cpl Patrick Gaudet Montreal Pte Roger Gaulin, Montreal Pte Leo Fortin, address unknown Pte Georges Gauthier Montreal Pte Jean Paul Gauthier Montreal L-Sgt. Romeo Celinas Laval County Que Pte Paul Geoffrey Montreal Pte Rosaire Genest St. Martin de Beauce Que Pte. Raymond Geoffrion, Montreal Pte Emile Germain Montreal Pte Marcel Gervais address unknown Acting L Cpl Georges Giguere Montreal Acting L-Cpl Thomas Louis Girard Montreal Pte Alphonse Gosselin Halifax NS Pte Rosario Goulet, Montreal Pte Francois Xavier Gravel Joliette Que Pte Jean Jacques Gravel Louiseville Que Pte Jacques Grenier St Maurice Que Pte Reginald Grenon Montreal Pte Georges Guerin Montreal L Cpl Louis Hamel Montreal Pte Roger Hamel, Montreal Acting Sgt Claude Harrisson Montreal Pte. Jean Hogue Montreal Pte Leo Houle Montreal Cpl Joseph Guy Domina Yves Huet Montreal Acting L. Cpl Gaston Jalbert Cornwall Ont Cpl Damasse Jette, Montreal Pte Marcel Jolicouer Montreal Acting Cpl Maurice Jolicoeur St. Vincent de Paul Que Pte Guy Jolly Montreal Pte Rene Jussiaume Ottawa Pte Paul Juteau Montreal Pte Stephen Kelly Ste Agathe des Monts Que Pte Walter Lyle Kendig, Armas, Kansas Pte Marcel Labat, Montreal Pte Jacques Labelle Iberville Que Pte Leopold Labelle Montreal Pte Romeo Laberge Montreal Pte Roger Labrie Montreal Pte Sylva Lacasse Montreal Pte Henri Lacelle Montreal Pte Jean Jacques Lachapelle Rouyn Que Pte Alfred Ledouceur St Jerome Que L-Cpl Jean Pierre Laekas, Montreal Acting Lance Cpl. Jean Marie Laferrier Berthierville Que Pte Conrad Lafleur Masonville Que Pte Aime Laframboise Montreal

Coupure de journal dans le Hamilton Spectator du mercredi 16 septembre 1942 énumérant les noms de Canadiens portés disparus après le raid sur Dieppe. Arthur Fraser, Maurice Jolicoeur et Jean-Pierre Laekas sont répertoriés.

Chapitre 23
Lamsdorf, Allemagne — Stalag VIIIB
Menottés
Octobre 1942 à novembre 1942

Le 8 octobre 1942, les prisonniers se réveillèrent pour trouver des mitrailleuses allemandes sur des trépieds et des soldats allemands qui entouraient l'enceinte canadienne. Ils sortirent pour l'appel de noms en attendant que le commandant allemand arrive. L'atmosphère était tendue tandis que les Allemands les fixaient d'un regard glacial. *Ils vont nous exécuter,* pensa Jean-Pierre. Les Allemands emmenèrent un groupe de prisonniers dans l'une des casernes. Jean-Pierre et ses camarades cherchèrent anxieusement une façon de s'échapper si les Allemands commençaient à tirer. En voyant et en entendant l'agitation parmi les prisonniers sur le terrain de parade, les Allemands armèrent leurs armes et se préparèrent à faire feu.

Le groupe de prisonniers sortit des casernes les mains liées. Des murmures parcoururent encore le groupe, cette fois pas en raison de la peur, mais plutôt en raison de la confusion quant à l'intention de leurs geôliers. Après avoir lié les mains de tous les prisonniers, le commandant allemand s'adressa à eux.

« À la plage de Dieppe, nous avons trouvé les ordres opérationnels de votre raid. Ils avaient ordonné que les mains des prisonniers allemands soient liées, ce qui est en violation de la convention de Genève. De plus, nous avons aussi trouvé les corps de prisonniers allemands à Dieppe avec les mains liées. Votre traitement ignoble des soldats allemands est inexcusable. En tant que prisonniers, ces hommes étaient sous votre responsabilité. Ceux d'entre vous qui ont exécuté les ordres ont violé les termes de décence humaine inscrits dans l'accord international signé par votre pays. Vos actions méritent un châtiment aussi brutal et froid que l'acte en soi. » Il fit une pause pour l'effet et scruta les visages des prisonniers réunis, comme s'il cherchait les coupables.

« C'était mon intention de le faire, mais heureusement pour vous, le Führer est intervenu en votre nom. Votre châtiment sera de rester attaché jusqu'à ce que le gouvernement britannique reconnaisse sa responsabilité pour les crimes que vous avez commis et qu'il s'excuse pour le traitement honteux des braves soldats allemands. »

Dans l'enceinte des casernes, les hommes parlaient de leur nouvelle situation.

« Même si tu me paies, je ne t'essuie pas le cul », dit un Fusilier à l'un de ses camarades tandis qu'ils discutaient de la façon de gérer différentes tâches les mains liées.

« Bien, à qui demanderas-tu d'essuyer le tien ? », répondit son ami. « Un des gardes allemands, peut-être ? »

Même si les prisonniers trouvèrent rapidement comment se détacher l'un l'autre lorsque les gardes ne regardaient pas, Beesley déposa une plainte officielle au commandant du camp. Quatre jours plus tard, l'officier allemand parla de nouveau au groupe de Canadiens réunis.

« Le gouvernement britannique n'a pas répondu à notre demande ; cependant, le Führer a décrété que vos mains ne seront liées que pendant 18 heures par jour. »

Une autre plainte officielle entraîna une réduction additionnelle à 12 heures par jour, de 0800 heures à 2000 heures. Le gouvernement allemand refusa les demandes de la Grande-Bretagne par l'entremise de la Croix-Rouge internationale pour cesser la pratique consistant à lier les mains des prisonniers. En réaction, le gouvernement britannique ordonna à son tour de ligoter les mains des prisonniers allemands dans les camps de prisonniers alliés.

En novembre, la température chuta et la première neige tomba sur l'enceinte. Les prisonniers étaient habitués aux hivers canadiens, mais en tant que prisonniers, ils étaient mal préparés pour le froid. Une pénurie de charbon pour les fours laissa l'intérieur des casernes inconfortablement froid et la plupart des prisonniers portaient la même tenue de combat estivale qu'ils portaient à Dieppe. Jean-Pierre gardait ses vêtements lorsqu'il allait se coucher, n'enlevant que ses bottes. Sa mince couverture de laine offrait peu de protection contre l'humidité l'entourant.

Il pensait à Mary chaque jour depuis sa lettre et envisageait les raisons qui faisaient en sorte qu'il n'avait pas eu de nouvelles d'elle. Les doutes dans son esprit le rongeaient.

« Maurice, et si elle avait été blessée ou tuée pendant le bombardement à Brighton? Et si elle avait trouvé quelqu'un d'autre ? »

« Jean-Pierre, calme-toi. Je suis certain qu'elle va bien. Je n'ai rien reçu de Pierrette non plus, donc la lettre de Mary est probablement en route avec toutes les autres lettres. Si elle t'aime vraiment, elle t'écrira. Si elle a trouvé quelqu'un d'autre, alors ce n'était pas la bonne. »

La réponse détachée de Maurice ne rassura pas vraiment Jean-Pierre.

Vers la fin de novembre, grâce aux radios de camp illicites, les prisonniers entendirent parler des débarquements réussis en Afrique du Nord. Cette nouvelle donna lieu à des spéculations sur les débarquements suivants en Europe et une fin rapide à la guerre.

« Nous serons sortis d'ici avant Noël », annonça un Fusilier dans un élan d'optimisme.

« Je te parie un paquet de cigarettes que tu accrocheras ton bas de Noël à hutte B la veille de Noël », répondit son ami.

La lettre tant attendue de Mary arriva finalement le 26 novembre. Après trois mois en tant que prisonnier, Jean-Pierre avait hâte d'avoir des nouvelles du monde extérieur, peu importe ce que la lettre disait. Il la déplia et la disposa sur sa couchette. Il la contempla pendant un moment sans voir les mots, se contentant de fixer l'écriture de Mary. Il n'aurait jamais pu confondre la courbe gauchère de son style d'écriture unique pour celle d'une autre. Il lut l'introduction et elle réchauffa son cœur. Puis il s'arrêta abruptement.

« Nous allons avoir un bébé ? », se questionna-t-il à voix haute. Il ne réalisait pas encore les mots de Mary. Il relut la lettre. « Nous allons avoir un bébé », cria-t-il lorsqu'il saisit le message. *Je vais être papa. Nous avons fait l'amour une seule fois et je vais avoir un bébé,* pensa-t-il, fier de sa performance virile. Il plia la lettre et il sortit des casernes en courant à la recherche de Maurice.

S'accrochant au morceau de papier dans ses mains liées et arborant un large sourire, il annonça la nouvelle à tous ceux qu'il rencontrait.

« Maurice, je vais être papa ! »

« Qui est la mère ? », demanda Maurice avec un sourire narquois.

« Mary bien sûr, espèce d'idiot. »

« Excellente nouvelle, Jean-Pierre », répondit Maurice arborant un large sourire. « Je sais que tu seras un papa génial. Félicitations. »

« Je dois lui écrire une lettre », indiqua Jean-Pierre avec un sentiment d'urgence, « tout de suite. »

Il se tourna, puis partit en courant vers les casernes, laissant Maurice qui hochait la tête et riait de l'explosion de joie de Jean-Pierre. Ce soir-là, Jean-Pierre souhaita désespérément envoyer une lettre, mais la prochaine visite de la Croix-Rouge n'était prévue que dans quelques semaines.

Le rituel matinal consistant à lier les mains des hommes avec la ficelle des colis de la Croix-Rouge prit fin le 2 décembre lorsque les Allemands remplacèrent la ficelle par une paire de menottes accompagnée d'une chaîne de deux pieds de long. Le personnel de la RAF dans l'enceinte adjacente assistait à la cérémonie de ligotage chaque matin. En voyant les menottes, ils commencèrent à apostropher les gardes allemands et à se moquer d'eux. Après quelques jours, les Allemands, fatigués de cette réaction agressive de la RAF, se dirigèrent vers leur enceinte et ordonnèrent aux hommes de se rassembler. Ils menottèrent les prisonniers de la RAF, mais cette mesure ne dura que quelques jours jusqu'au matin où la RAF se moqua du processus. Ils se libéraient des menottes en utilisant les clefs encochées des boîtes de sardines. Aussitôt qu'un garde allemand menottait un prisonnier de la RAF et s'occupait de menotter le suivant, le prisonnier ouvrait ses menottes, puis se glissait en douce dans la file de prisonniers non menottés. L'officier allemand responsable découvrit bientôt ce qui se tramait et ordonna aux gardes de ramasser les menottes.

Pendant 12 heures par jour, les Canadiens devaient se raser, manger et utiliser les latrines les mains liées devant eux. Grâce aux clefs de la RAF, leurs conditions de vie s'étaient améliorées considérablement, malgré le risque de châtiment s'ils se faisaient prendre sans leurs menottes. Un jour, après l'appel de noms, Maurice retourna aux casernes et commença à enlever ses menottes. Une main libre et la menotte libre se balançant à partir de la chaîne, Maurice leva les yeux tandis qu'un garde SS allemand entrait dans les casernes. Il regarda la main libre de Maurice et lui fit signe de sortir. Maurice haussa les épaules, ria et s'approcha nonchalamment du garde. L'Allemand poussa Maurice à travers la porte.

« Espèce de salaud », lança Maurice tandis que le garde l'escortait vers le poste de garde, le piquant dans le dos avec son fusil.

Après s'être entretenu avec les autres gardes, le garde SS fit signe à Maurice de se mettre au garde-à-vous devant le mur du poste de garde les mains à ses côtés et le nez contre le mur. Lorsque Maurice bougeait ou que son nez quittait le mur, les gardes le frappaient avec la crosse de leurs fusils. Après une heure, les gardes emmenèrent Maurice au rouleau de concertina bas situé près des casernes canadiennes. Criant après Maurice en allemand et faisant des gestes, ils le forcèrent à se déshabiller. Lorsqu'il fut nu, ils le tirèrent par-dessus le fil barbelé, le disposèrent sur le dessus, et lièrent ses mains aux rouleaux.

« Alors qui est l'espèce de salaud maintenant ? », demanda le garde SS dans un français parfait.

Les gardes admirèrent leur œuvre, rirent, puis s'éloignèrent. Quatre heures plus tard, un Maurice souriant, les menottes aux poignets, retourna à l'enceinte escorté par le garde SS.

Menottes utilisées sur les prisonniers de guerre canadiens. *Collection privée.*

Chapitre 24
Lamsdorf, Allemagne — Stalag VIIIB
Colis de la Croix-Rouge.
Décembre 1942

Le 7 décembre, la première livraison aux Canadiens de colis de la Croix-Rouge arriva. Pour Jean-Pierre, la vue des jeunes hommes enthousiastes dans la neige attendant leurs colis aurait pu facilement être une photo sur une carte de Noël, abstraction faite des clôtures de fil barbelé, des grands miradors et des soldats allemands armés qui regardaient jalousement la distribution.

« Pour établir une réserve de colis de la Croix-Rouge au cas où les prochaines livraisons seraient en retard, nous garderons la moitié des colis, vous laissant un colis pour deux prisonniers », indiqua un officier allemand qui supervisait le processus.

Les gardes étaient irrités par le fait que les prisonniers recevaient ces colis, car le gouvernement allemand n'offrait pas un tel luxe à ses propres soldats. En conséquence, ils tentèrent de restreindre la distribution des colis sans enfreindre les règles de la convention de Genève.

Jean-Pierre et Maurice partagèrent un colis et la ramenèrent aux casernes. Ils fixèrent pendant un instant la boîte de carton abimée arborant une grosse croix rouge et les mots :

PRISONERS' PARCELS
THE CANADIAN RED CROSS SOCIETY
KRIEGSGEFANGENENPOST
COMITE INTERNATIONAL CROIX ROUGE,
GENEVE -TRANSIT. SUISSE

Avec vénération, Jean-Pierre ouvrit la boîte.

« Allez Jean-Pierre. Ces putains de trucs vont pourrir à la vitesse que tu vas. »

Ils étalèrent le contenu de la boîte sur la couchette et ils regardèrent avec stupéfaction à l'abondance de la nourriture—beurre, poudre de lait, fromage, bœuf salé, viande de porc, saumon, sardines, pommes séchées, prunes séchées, sucre, confiture, biscuits durs, chocolat, sel, thé et savon.

Une fois que les Allemands eurent distribué tous les colis, les prisonniers discutèrent et blaguèrent ensemble, leur humeur revigorée par la nourriture additionnelle. Après trois mois de soupe de planche et de pain noir, les hommes dévorèrent la plupart du contenu de leur colis en ne tenant pas compte des recommandations de leurs voisins britanniques de faire des provisions.

Après son arrivée au Stalag VIIIB, Arthur devint un négociateur actif utilisant les cigarettes du camp comme monnaie d'échange. Même si les colis de la Croix-Rouge n'incluaient pas de tabac, les prisonniers en recevaient beaucoup de l'Armée canadienne et de leurs proches. Arthur échangeait des cigarettes contre des biens, comme des montres, des bagues, des briquets à cigarettes et d'autres articles que les hommes étaient prêts à échanger. Il les échangeait contre de la nourriture, puis échangeait la nourriture contre des cigarettes, chaque transaction lui rapportant un petit profit. Les colis de la Croix-Rouge canadiennes procuraient à Arthur un nouveau capital investissement pour le troc. Il apporta ses conserves de saumon aux casernes qui logeaient les prisonniers hindous. Tandis qu'il se préparait à entrer, un soldat hindou à la porte l'arrêta.

« Où crois-tu que tu vas ? »

« J'ai des conserves de saumon à échanger. »

« Tu ne peux pas entrer maintenant. Nous mangeons et si tu fais une ombre sur notre nourriture, nous ne pourrons pas la manger. Reviens dans une demi-heure quand nous aurons fini. »

« Je ne comprends pas », répliqua Arthur confus par l'explication de l'homme.

« Ton ombre est impure, car tu es un Chandala. Si elle touche notre nourriture, nous ne pouvons pas la manger. »

Arthur haussa les épaules et s'en alla. Il revint plus tard avec ses cannes de saumon.

« J'ai du saumon à échanger », dit-il en tenant ses boîtes.

« Combien veux-tu ? », demanda l'un des prisonniers.

« Deux conserves de KAM pour une conserve de saumon. »

Une fois terminé avec les hindous, il retourna à ses casernes avec ses boîtes de KAM.

« Quelqu'un veut échanger des cigarettes contre du KAM ? »

« Combien veux-tu ? »

« Cinquante cigarettes pour une conserve. »

Il se rendit à différentes casernes pour échanger sa nouvelle provision de cigarettes contre des patates et du pain. Parcourant les différentes casernes, il utilisa les patates et le pain pour acquérir d'autres cigarettes.

« Tout le processus commence avec les hindous. Ils ne mangent pas le porc qui se trouve dans le KAM. C'est inutile pour eux, ce qui me donne l'avantage », expliqua-t-il à un ami.

« Qu'arrive-t-il s'ils n'ont pas de KAM ou autre chose que tu veux ? »

« Alors, je vais visiter les prisonniers juifs », répondit Arthur d'un ton neutre. « Ils ne mangent pas le KAM non plus. Mais je ne vais les voir qu'en dernier recours, car il est beaucoup plus difficile de négocier avec eux et je ne ferai pas un aussi grand profit. »

Le premier Noël de Jean-Pierre en tant que prisonnier le rendit mélancolique et sombre. Le goût amer de la défaite persistait. Il assista à la messe donnée par le père Foote puis se retira dans sa hutte pour le Réveillon. Les prisonniers dans sa hutte, déterminés à faire de Noël une célébration, avaient suspendu des décorations faites de papier argenté provenant de paquets de cigarettes et d'autres matériaux grappillés un peu partout. Leur maigre repas comprenait des restes des colis de la Croix-Rouge. Maurice et Jean-Pierre savourèrent une petite miche de pain blanc obtenue en échange de cigarettes. Après le pain allemand aigre, le pain blanc goûtait le gâteau. Le jour de Noël, la troupe de théâtre du camp présenta un spectacle de Noël. Les festivités brisèrent agréablement l'ennui de la routine quotidienne du camp, mais elles n'égayèrent que temporairement les pensées sombres de Jean-Pierre. Pour se remonter le moral, il rejoignit un petit groupe de Fusiliers qui parcourait le camp en chantant des chants de Noël. À la fin de la journée de son premier Noël comme prisonnier, Jean-Pierre se demanda où il se trouverait pour le prochain.

Chapitre 25
Lamsdorf, Allemagne — Stalag VIIIB
Un Nouvel An
Janvier 1943 à mars 1943

Les Fusiliers passèrent le Nouvel An à essayer de rester au chaud. Un prisonnier responsable de la logistique canadienne avait commandé des uniformes, des bottes et de grands manteaux de rechange à l'Armée canadienne peu après leur arrivée au camp en septembre, mais ils en avaient reçu que très peu à l'arrivée du temps froid. Les hommes se contentèrent des vêtements envoyés par leurs familles ou achetés auprès des Allemands avec leurs cigarettes. Maurice portait encore ses sabots en bois. Avant de s'aventurer dans la neige, il remplissait les souliers en bois de paille provenant de son matelas pour éviter les engelures. Les tempêtes hivernales gardaient les hommes à l'intérieur la plupart du temps, excepté pour aller aux latrines, à la cuisine et à l'appel de noms. Bridge, échecs, cribbage, jeux de cartes et livres remplacèrent les parties de volleyball et de soccer. Les grandes quantités de neige protégeaient les hommes du froid. Elle s'accumulait à la hauteur des fenêtres ce qui les isolait contre les conditions glaciales.

Les cinq mois de captivité donnèrent aux Canadiens le temps d'apprécier les libertés qu'ils pouvaient prendre avec leurs gardes. Certains gardes respectaient les Canadiens comme d'autres soldats, alors que d'autres profitaient de toutes les occasions pour rendre la vie des prisonniers misérable. Le menottage quotidien se poursuivit, mais, au fil du temps, les gardes allemands plus tolérants devinrent moins stricts en ce qui concerne la mise en application du décret d'Hitler. Un matin particulièrement froid, l'un des sergents allemands les plus sympathiques entra dans la hutte de Jean-Pierre et demanda aux hommes de se réunir sur le terrain de parade.

« Tabarnak Fritz. Nous avons fait l'appel de noms et nous sommes menottés », indiqua un prisonnier en montrant ses mains menottées à l'Allemand. « C'est foutrement froid dehors. »

« J'ai mes ordres. Croyez-moi, je n'aime pas ça plus que vous. Mes ordres sont d'effectuer une inspection aléatoire de vos couchettes pour trouver tout matériel illicite, donc veuillez sortir. Plus vite vous sortez, plus vite vous revenez. »

Le sergent allemand passa à l'autre section des casernes en proférant les mêmes ordres. Une fois vidées des prisonniers, les Allemands effectuèrent une recherche exhaustive des couchettes des hommes. Avec l'inspection terminée, le sergent allemand nommé Fritz retourna sur le terrain de parade pour renvoyer les prisonniers réunis. Il les trouva en formation selon les colonnes prescrites de cinq soldats, chaque homme portant différents types de vêtements d'hiver. Leurs mains sortaient des manches de leurs chandails ou manteaux avec une menotte sur chaque poignet et liées par la chaîne. Le sergent allemand examina le groupe.

« Vous pouvez maintenant retourner à vos huttes », dit-il avec un sourire futé. « Aimeriez-vous avoir de l'aide pour enlever vos manteaux et vos chandails ? »

« Non merci Fritz. On va s'en sortir. »

Contrairement à Fritz, certains des autres gardes allemands prenaient un malin plaisir à torturer leurs prisonniers. Un garde en particulier adorait laisser les dobermans libres la nuit pour aider à patrouiller dans l'enceinte. Il riait à la vue d'un prisonnier se dépêchant de revenir des latrines pourchassé par un chien vicieux qui tentait de lui mordre les mollets. Tous les prisonniers avaient peur des dobermans et savaient qu'ils ne devaient pas quitter leurs huttes après la fermeture des lumières, sauf si c'était vraiment nécessaire.

« Tard la nuit dernière, un doberman a attrapé et mutilé un soldat qui s'en allait aux latrines », indiqua Jean-Pierre à Maurice dans l'enceinte.

« Qui ? »

« Je ne connais pas son nom, mais il était très mal en point et il est mort à l'hôpital. »

« D'une façon ou d'une autre, nous allons trouver ce foutu chien. »

Maurice commença à planifier comment venger la mort inutile du soldat. Il partagea son plan avec Jean-Pierre qui accepta le plan. Ils se confièrent aux amis du prisonnier mort et aux autres soldats qui voulaient la mort du chien. Ils étaient tous d'accord avec le complot de Maurice et son offre de prendre les choses en main. Quelques nuits plus tard, les hommes entendirent le chien courir librement dans leur enceinte. Comme prévu, dans la caserne 22, celle située le plus loin des latrines, les prisonniers créèrent une distraction qui attira le doberman. Maurice rampa jusqu'aux latrines en transportant une barre de fer qu'il avait enlevée du poêle de sa hutte. Il ouvrit prudemment la porte pour éviter le grincement des pentures rouillées et, une fois à l'intérieur, la ferma tout aussi prudemment. Seul le faible éclairage ambiant des lumières de la tour de l'enceinte le long de la clôture et les faisceaux lumineux de recherche illuminaient l'intérieur des latrines. Il avança à tâtons le long du mur en comptant les pas tandis qu'il marchait. Il s'arrêta et se baissa, glissant ses mains vers le bas du mur. Ses doigts touchèrent le cadre du registre de ventilation. Il tira la structure en forme de fenêtre jusqu'à ce qu'elle se détache du mur, créant une ouverture étroite juste au-dessus du sol. Il prit des cubes de sucre dans sa poche et en plaça un sur le sol à l'ouverture et d'autres plus loin à l'intérieur des latrines. Satisfait de son plan, il attendit. Au moment prévu, les prisonniers de la caserne 22 cessèrent leur distraction. Le chien, alerté par du bruit provenant des casernes avant, se mit à courir. Il arrêta entre la caserne 19 et les latrines. Un gloussement provenant des latrines attira son attention et il courut vers le bruit. Le chien renifla l'air et suivit l'odeur vers l'ouverture dans le mur des latrines. Il essaya de mordre le cube de sucre et poussa sa tête à travers l'ouverture pour en avoir un autre. D'autres cubes se trouvaient juste hors de sa portée. Tandis que le chien tentait de glisser son corps à travers l'étroite ouverture, Maurice abattit la barre de fer avec toute sa force à l'arrière du cou du chien. Le chien mourut instantanément et sans un bruit. Maurice et un autre prisonnier jetèrent le chien de 90 livres dans un grand drain. Les Allemands cherchèrent le doberman manquant, mais ne le trouvèrent jamais. Ce fut la dernière fois qu'ils laissèrent un chien seul dans l'enceinte.

Désespéré d'avoir des nouvelles de Mary, Jean-Pierre se demandait si elle avait déjà accouché et si c'était le cas, si c'était un garçon comme elle le prédisait dans sa lettre en décembre. Les Allemands n'avaient pas livré de courrier ou de colis de la Croix-Rouge depuis plusieurs mois. Non seulement les colis de la Croix-Rouge aidaient à maintenir leur santé physique, mais les livres, les vêtements et les lettres envoyés par les familles, les femmes et les petites amies des hommes offraient le soutien émotionnel nécessaire. Après plusieurs plaintes concernant l'absence de courrier, le sergent-major Beesley aborda le problème avec le commandant du camp.

« Permission de parler, Commandant ? », indiqua le sergent-major en faisant son meilleur salut militaire.

« Permission accordée. »

« Commandant, nous n'avons pas reçu de courrier ou de colis de la Croix-Rouge depuis plusieurs mois. Sont-ils retenus pour une raison particulière ? », demanda Beesley en insinuant la participation de l'Allemand au retard.

Le commandant sourit, retira ses lunettes, et frotta les lentilles avec un mouchoir qu'il prit dans sa manche.

« Sergent-major Beesley, la guerre a rendu les choses un peu plus difficiles. Le retard de votre courrier et des colis de la Croix-Rouge est probablement causé par le bombardement des avions britanniques et américains des chemins de fer utilisés par la Suède et la Suisse pour nous apporter le matériel. Je peux vous assurer que je n'ai pas ordonné l'arrêt de la distribution des colis ou du courrier. »

Les nouvelles des postes de radio illicites des prisonniers confirmèrent l'évaluation du retard du commandant. Les hommes étaient heureux de la progression des Alliés, mais en revanche, ils avaient une folle envie de recevoir leurs colis si précieux. Les prisonniers attendirent encore deux mois avant de recevoir du courrier. Jean-Pierre reçut deux lettres en mars, une de son père et une de Mary. Autant qu'il voulait ouvrir la lettre de Mary en premier, il voulait aussi savourer le moment, lire, puis relire sa lettre. Il ouvrit celle de son père, sourit en lisant son contenu, puis passa à la lettre de Mary. Il la prit, l'ouvrit avec précaution, et lut ses paroles. Le 5 février, elle avait accouché d'un garçon en santé nommé Michael John, les noms du père de Jean-Pierre, et l'équivalent anglais de Jean-Pierre. Jean-Pierre fixa la lettre et des larmes de joie se formèrent dans ses yeux.

« Mon fils », chuchota-t-il. La chair de poule s'empara de ses avant-bras et un frisson lui parcourut le dos. « Mon fils », répéta-t-il en silence.

Il courut trouver Maurice.

« Maurice, je suis papa. J'ai un fils », cria-t-il à son ami.

« Je suis très content pour toi, mon ami. Tu auras un beau petit garçon qui t'attendra lorsque nous sortirons d'ici. »

« Mais Maurice, qu'arrivera-t-il si nous ne sortons pas ? »

Maurice pouvait voir le visage préoccupé de son ami.

« Qu'arrivera-t-il si nous ne sortons pas ? », répéta-t-il.

« Jean-Pierre, ne t'en fais pas. Je te promets que tu le verras », répondit Maurice.

Chapitre 26
Lamsdorf, Allemagne — Stalag VIIIB
Évasions
Avril 1943 à novembre 1943

Les prisonniers venaient de tous les milieux sociaux : artistes, musiciens, acteurs, tailleurs, policiers, hommes d'affaires, avocats, barbiers, cordonniers, bouchers, professeurs, boulangers, travailleurs de la construction et mineurs. Ce groupe diversifié et talentueux partageait un intérêt commun, soit comment rendre leur détention un peu plus supportable et faciliter les évasions. Peu après leur arrivée au Stalag VIIIB, le sergent-major Beesley consulta les prisonniers britanniques et mit sur pied un comité canadien sur les évasions. Le comité choisit la hutte 19B comme emplacement de l'entrée du tunnel, puisqu'elle ne se trouvait qu'à 100 pieds de la clôture de barbelés. Ils créèrent une porte dérobée sous l'une des couchettes et ils commencèrent à creuser avant la première chute de neige. L'hiver empêcha les travaux de se poursuivre, car la terre excavée ne se mélangeait pas facilement à la terre gelée de l'enceinte, en particulier quand il avait neigé. À l'arrivée du printemps, les activités liées à l'évasion allaient bon train. Pour soutenir le creusement du tunnel, chaque prisonnier canadien fit don de deux planches de lit afin de fortifier le tunnel.

« Tabarnak ! », s'exclama un Fusilier tandis qu'un membre du comité retirait une autre planche de lit. « Merde, comment peux-tu t'attendre à ce que je dorme sur ce que tu m'as laissé ? »

« Prends la corde de ton colis de la Croix-Rouge et fais un filet, comme tous les autres », répondit le prisonnier.

En plus des planches de lit, les Canadiens utilisaient tout ce qu'il pouvait trouver pour creuser le tunnel. Le système d'aération était fait de boîtes vides de lait en poudre, de sacs de voyage de prisonniers et de bâtons de hockey volés. Des lampes faites maison avec des mèches de chiffon trempées dans la margarine fournissaient de la lumière. Des morceaux de métal récupéré étaient utilisés comme outils. Ils achetèrent aussi des matériaux aux gardes en qui ils avaient confiance. Pour se débarrasser de la terre excavée, des volontaires transportaient la terre dans de longs sacs bananes déployés à l'intérieur de leurs jambes de pantalon. Tandis qu'ils marchaient dans l'enceinte ou regardaient des matchs de volleyball et de soccer, ils se débarrassaient de petites quantités et utilisaient leurs pieds pour la mélanger avec la terre de l'enceinte. Les autres cachettes incluaient un jardin de légumes et les latrines.

« Je me suis porté volontaire pour y descendre et creuser. J'ai fait ce que j'ai pu, mais l'espace était trop restreint pour moi », indiqua Maurice tandis que Jean-Pierre et lui déambulaient sur le périmètre de l'enceinte, se débarrassant de la terre à partir des jambes de leur pantalon.

« Ils comptent sur d'anciens mineurs qui s'occupent du travail essentiel », répondit Jean-Pierre. « C'est très dangereux là-dedans. Si on ne fait pas attention, le toit pourrait céder. »   Maurice s'arrêta et enleva son sabot en bois pour retirer un caillou logé dans son soulier, provenant sans aucun doute du tunnel.

« Je suis surpris qu'un grand gaillard comme toi soit même capable d'y entrer. »

« Avec une foutue ouverture de deux pieds carrés, je croyais que j'allais suffoquer. »

Ils continuèrent à agiter leurs pieds autour de l'enceinte afin de répandre la terre avec les autres prisonniers.

« Planifies-tu de sortir par le tunnel ? », demanda Jean-Pierre.

« Le comité m'a dit que je devais parler allemand. Je prépare mon propre plan. Veux-tu te joindre à moi ? »

Jean-Pierre hésita à répondre et Maurice savait qu'elle serait la réponse de Jean-Pierre.

« Maurice, je ne peux pas courir des risques inutiles. Mary et mon fils... »

« Ne t'en fais pas Jean-Pierre. Je ferais pareil dans ta situation. »

À l'été de 1943, Maurice reçut une paire de bottes. Après avoir porté les sabots en bois pendant un an, ses bottes donnaient l'impression d'être des pantoufles. Même si elles étaient usées, elles lui donnaient la protection et la mobilité que les sabots ne lui procuraient pas. Il ne tarda pas à planifier son évasion. Il décida que ses chances seraient meilleures s'il quittait le camp au sein d'un groupe de travail. À l'enceinte des travaux, il trouva un travail pour le lendemain qui incluait un déplacement vers une carrière de craie éloignée. Malheureusement, il ne restait plus de place, mais il rencontra un membre du groupe de travail. Un prisonnier australien accepta de changer d'identités avec lui. Le lendemain matin, Maurice monta à bord du camion avec d'autres prisonniers de son enceinte. Il reconnut deux commandos de la marine britannique.

« Avez-vous été capturés à Dieppe ? », demanda Maurice.

« Évidemment, à Berneval. Commando n° 3. Et toi ? », demanda le fusilier marin en remarquant l'insigne du Canada sur l'épaule de Maurice.

« Sur la plage principale devant leurs foutus canons. »

Au cours de la discussion qui s'ensuivit, les Fusiliers apprirent que Maurice avait combattu avec leur bataillon à l'île de Vågsøy, en Norvège. À leurs yeux, cette révélation fit de Maurice un frère d'armes.

« Nous planifions de nous évader tandis que nous sommes à la carrière. Veux-tu te joindre à nous ? », murmura le commando.

Maurice fit oui de la tête.

Lorsque le camion arriva à la carrière, les Allemands donnèrent des pioches et des pelles aux prisonniers, puis les escortèrent en petits groupes à leur aire de travail. Ce soir-là, les Allemands installèrent les hommes dans une caserne située à proximité de la carrière, cadenassèrent la porte de l'extérieur, puis se retirèrent pour la soirée dans leurs quartiers. Les fusiliers marins et Maurice se rendirent à l'une des fenêtres et examinèrent la situation.

« Je ne m'attendais pas à des barreaux sur les fenêtres », indiqua Maurice tandis qu'il agrippait deux tiges en métal et essayait de les faire bouger.

« Ne t'en fais pas camarade. Lorsque le temps viendra, les barreaux ne seront pas un problème. »

Les commandos passèrent les deux nuits et jours suivants à surveiller les mouvements des gardes.

« Nous y allons ce soir. Les Allemands ne s'occupent pas de nous après la fermeture des lumières et il y a beaucoup de nuages pour bloquer le clair de lune. »

Ce soir-là, un des commandos sortit une lame de scie à métaux et un petit contenant d'huile à machine. Tandis qu'il s'occupait des barreaux, l'autre commando et Maurice déchirèrent des bandes de leurs couvertures. Ils les enroulèrent autour de leurs pieds pour étouffer le son de leurs bottes sur la cour pierreuse. Le reste du groupe de travail regardait de manière désintéressée. Ils n'avaient pas l'intention de se joindre à eux. Ce n'était pas la première évasion qu'ils observaient et ce ne serait probablement pas la dernière.

« Voilà. Allons-y », indiqua le fusilier tandis qu'il enlevait le dernier barreau.

Ils se faufilèrent par la fenêtre, puis traversèrent la cour en sprintant en direction des bois à proximité. Maurice se tourna pour voir si les Allemands les avaient vus ou entendus. Personne ne bougea. Leur objectif mutuellement convenu était la Suisse neutre. Se dirigeant vers le sud-ouest, ils voyageaient avec grande prudence la nuit et trouvaient refuge avant l'aube dans des régions isolées. Bien qu'ils eussent apporté de la nourriture et de l'eau avec eux, ils volaient des légumes dans des jardins à chaque occasion pour maintenir leurs propres provisions. Ils remplissaient leurs contenants d'eau dans des cours d'eau et des ruisseaux. Un jour, ils embarquèrent dans un train de marchandises qui semblait se diriger dans la bonne direction jusqu'à ce qu'il ralentisse aux abords d'une ville. Craignant de se faire repérer si le train arrêtait dans la ville, ils sautèrent du train et continuèrent à pied, tournant le dos à la ville. Vingt-cinq jours plus tard, ils se reposaient sur les berges d'une rivière, protégés dans la végétation dense. Le commando en chef consulta une carte et un petit compas.

« C'est la Bregenzer Ach », murmura-t-il en pointant l'eau. « Nous sommes en Autriche et là-bas au-delà des collines, c'est la frontière suisse, à probablement 10 ou 11 miles. Nous devons simplement trouver un endroit pour traverser. »

« Ça ne semble pas très large », répondit Maurice à voix basse. « Nous pourrions traverser à la nage. » Il fixa les collines éloignées. *J'y suis presque. Seulement 11 autres miles.*

« Je ne sais pas nager », dit le deuxième commando.

« Que veux-tu dire ? », s'exclama Maurice.

« Je ne sais pas nager. Allez-y tous les deux et je trouverais une façon. »

« Putain, je ne te laisserai pas ici après nous être rendus aussi loin », indiqua son compagnon.

« Cherchons un pont non gardé à traverser », offrit Maurice en sachant qu'il ne pouvait pas abandonner ses deux camarades.

Ils passèrent la journée à se reposer ; pendant que l'un montait la garde, les deux autres dormaient. Tandis que le soleil disparaissait au-delà de l'horizon, les hommes anxieux se préparaient à quitter leur refuge. Ils marchèrent prudemment vers une route qui longeait la rivière.

« Halte ! »

La commande fracassa le calme. Les trois hommes figèrent. Les formes familières des casques de l'armée allemande surgirent des bois tandis que la patrouille approchait. Sans aucune chance de s'échapper, les trois fugitifs se rendirent.

Après le départ de Maurice du camp, Jean-Pierre rencontra certains membres des Calgary Tanks qui parlaient allemand. Il leur mentionna qu'il voulait apprendre à parler allemand assez bien pour discuter. Ils acceptèrent de l'aider à condition que Jean-Pierre leur enseigne le français. En plus du temps qu'il passait avec les gars de Calgary, Jean-Pierre assistait à des séances en classe officielles données par des soldats britanniques qui parlaient l'allemand. Jean-Pierre occupait ses journées en apprenant l'allemand, en faisant du sport et de l'exercice, en jouant aux cartes et en écrivant des lettres à Mary.

Un après-midi, Jean-Pierre remarqua la forme familière de son ami qui approchait du terrain de parade escorté par un garde allemand.

« Qu'est-il arrivé ? », demanda Jean-Pierre une fois les gardes partis.

« Nous étions presque en Suisse. Puis, ils nous ont attrapés. Ils nous ont pas mal battus. »

« Nous, c'est qui ? »

« Moi et deux commandos britanniques. Ils nous ont envoyés à Cracovie en Pologne et le SS qui s'y trouvait s'en est pris à nous avant de nous renvoyer ici. Je viens de terminer 30 jours en isolation cellulaire. »

« Es-tu correct ? »

« Je vais bien. » Il prit une pause pendant un moment. « Jean-Pierre, j'étais si près que je pouvais le sentir », dit-il en hochant la tête. « Donc, qu'ai-je manqué pendant mon absence ? »

« Pas grand-chose. Mon fils et Mary vont bien. Notre camp a été renommé Stalag 344 et j'ai trouvé un emploi d'interprète pour notre enceinte. »

« Tu parles l'allemand aussi bien que ça ? »

« Tu le parlerais aussi avec deux mois de formation intensive. »

« Bien, bien. Tu as été occupé comme une abeille. »

« Parlant d'abeilles, la marche des pingouins a pris fin la semaine dernière. »

« La marche des pingouins ? »

« Tu sais, nous tous nous dandinant dans l'enceinte comme des pingouins et répandant la terre excavée. Le tunnel est terminé. »

« Ça ne m'aidera pas à sortir d'ici. » Il regarda Jean-Pierre avec un regard déterminé. « Tu ne peux pas t'imaginer la sensation d'être si près. Je vais continuer à essayer jusqu'à ce que j'y arrive. »

Pendant le creusement du tunnel, certains événements sportifs comme des matchs de soccer et de volleyball étaient organisés par le comité sur les évasions pour permettre aux spectateurs de se débarrasser de la terre du tunnel dans la foule sur les lignes de côté. Cependant, certains prisonniers étaient des adeptes de sports et organisaient des événements inter-enceintes pour la simple joie de la compétition. Ces sports incluaient le soccer, le volleyball, le baseball et la boxe, ainsi que l'athlétisme.

Pendant une partie de baseball, Maurice discuta de son nouveau plan avec Jean-Pierre.

« Ne sois pas surpris si tu ne me vois pas demain », informa-t-il son ami. « Il y a un groupe de travail qui part pour charger des provisions alimentaires sur des trains et je me suis inscrit pour y aller. »

« Sois prudent et essaie de ne pas te faire prendre cette fois-ci », répondit Jean-Pierre inquiet.

Peu après le départ de Maurice, 40 prisonniers canadiens s'échappèrent du Stalag VIIIB par le tunnel. Deux se rendirent sains et saufs en Suède. La facilité de Jean-Pierre en allemand lui aurait peut-être valu une place, mais il déclina l'offre d'y participer. Les Allemands ne furent informés de l'évasion que quelques jours plus tard lorsque le commandant du camp reçut un message humiliant des SS. Ils lui parlèrent de la capture d'un important groupe de prisonniers canadiens qui prétendaient venir du Stalag 344. Le commandant appela les soldats et les véhicules blindés de l'armée allemande stationnés à proximité. Les Allemands rassemblèrent les Canadiens dans l'enceinte et commencèrent un appel de noms méticuleux sous l'œil attentif des gardes armés. Entre-temps, des soldats allemands prirent d'assaut les casernes, retournèrent les couchettes et martelèrent le plancher pour déceler toute cavité. Ils finirent par découvrir le tunnel. Pendant que les Canadiens attendaient réunis sur le terrain de parade, les soldats allemands emplirent le tunnel d'explosifs et le firent exploser, projetant une colonne de terre dans les airs.

« Trois hourras pour notre tunnel », cria un prisonnier canadien tandis que la poussière commençait à retomber. « Hip, hip, hip. »

« Hourra », chanta le refrain exaltant des prisonniers réunis.

« Hip, hip, hip. »
« Hourra. »
« Hip, hip, hip. »
« Hourra. »

Arthur planifiait aussi de s'échapper. Il choisit aussi les groupes de travail comme moyen d'y arriver. Grâce à son expérience de troc de conserves de saumon, il avait rencontré des prisonniers juifs palestiniens qui travaillaient dans les mines de charbon chaque jour. Arthur et quelques autres Fusiliers s'organisèrent pour changer d'insignes nominatifs et de casernes avec les Palestiniens. Le matin, Arthur et les autres Fusiliers quittèrent le camp avec le groupe de travail. Lorsqu'ils arrivèrent, le chef du groupe de travail prit Arthur et ses amis à part et leur offrit une tasse d'ersatz de café.

« Je suis juif », indiqua l'homme à Arthur, « mais je peux dire que tu ne l'es pas. Que manigances-tu ? »

« Nous planifions de nous échapper et nous voulons entrer en contact avec un civil polonais qui va nous aider. »

« Pour un prix, je peux arranger ça. »

Les hommes lui donnèrent un paquet de cigarettes et il les mit au travail avec un groupe de prisonniers polonais. Le travail souterrain dangereux comprenait le creusement du charbon et le remplissage de petits chariots de charbon en bois. Les chariots parcouraient une voie de réglage étroite qui partait des profondeurs de la mine jusqu'à la surface. Les Allemands avaient établi un quota quotidien de 16 chariots de charbon pour le groupe. Au début, Arthur se la coula douce, ne voulant pas contribuer à la satisfaction du besoin en charbon des Allemands. Le travail était difficile et salissant, et la chute de pierres du plafond non supporté de la mine était un danger omniprésent. Il réalisa rapidement que les travailleurs polonais devaient combler ses lacunes en matière productivité pour satisfaire au quota quotidien des Allemands. Arthur augmenta sa production. Les Polonais mal nourris ne recevaient pas de nourriture pendant la journée. Arthur arrêta d'apporter des sandwichs au travail, car il ne pouvait pas supporter le regard sur le visage des Polonais tandis qu'ils le regardaient manger. Les jours passèrent sans indication à savoir quand ils rencontreraient un civil polonais qui les aiderait à s'échapper. Arthur se plaignit au chef juif qui avait pris leurs cigarettes. Le lendemain, des soldats allemands ramenèrent Arthur et les autres Fusiliers au Stalag VIIIB. Un officier allemand les accusa de tentative d'évasion et leur donna chacun une semaine en isolement cellulaire. Tandis qu'ils l'enfermaient dans sa cellule, Arthur savait très bien comment les Allemands les avaient trouvés. *S'ils veulent d'autres putains de conserves de saumon, ça va leur coûter cher.*

Le 21 novembre 1943, les Allemands cessèrent finalement de menotter les Canadiens. Les Suisses réussirent à convaincre les politiciens allemands et britanniques entêtés de mettre de côté leur prise de bec dans le but de faciliter les conditions de leurs soldats respectifs dans les camps de prisonnier. Après avoir passé 13 mois les mains liées, Jean-Pierre trouvait cela étrange les premiers matins de ne pas avoir à faire la file pour le rituel des menottes.

Au début de décembre, Jean-Pierre rencontra Maurice qui revenait encore une fois à l'enceinte escorté par un garde allemand.

« Jean-Pierre, tu ne me croiras pas ! J'ai abouti à Odessa sur la mer Noire. » Il rit de l'absurdité de son commentaire.

« Merde, comment as-tu abouti là? L'endroit devait fourmiller de Boches. »

« Lorsque je suis parti d'ici, ils nous ont emmenés à Szolnok, en Hongrie. Il y avait cet énorme entrepôt rempli de sacs de farine. Nous y avons travaillé pendant quelques jours, retournant simplement les sacs de sorte qu'ils ne prennent pas l'humidité. Les sacs étaient tous datés de 1919 ! »

« De la Première Guerre mondiale ? »

« Oui. Cette farine était là depuis plus de 20 ans. Quelqu'un doit avoir tourné les sacs pendant tout ce temps. »

« Mais, comment t'es-tu rendu à Odessa ? »

« Bien, un train est arrivé et nous devions le charger avec le farine. Lors d'un de mes voyages de transport des sacs, j'ai trouvé une bonne cachette dans un wagon et j'y suis resté. Quelques jours plus tard, le train s'est arrêté au port d'Odessa et ils ont commencé à le décharger. J'ai essayé de me mélanger aux prisonniers russes en transportant les sacs, mais je crois que je jurais dans le décor avec mon uniforme canadien. »

« Qu'est-il arrivé ensuite ? », demanda Jean-Pierre, intrigué par l'aventure de son ami.

« Les Boches m'ont emprisonné. Le lendemain, on m'a interrogé tandis que quelques gardes me battaient. Ils ne croyaient pas que je m'étais échappé du Stalag 344 puisque c'est si loin. Ils m'ont fait savoir qu'ils n'étaient pas très contents de me voir. Après avoir fini, ils m'ont fait marcher pendant sept jours jusqu'à ce que nous atteignions la Yougoslavie. De là, nous avons pris le train et me voici. »

« Bien, au moins ils ne t'ont pas fusillé. Je suis heureux que tu sois de retour indemne. »

« Je n'abandonne pas Jean-Pierre. À la prochaine occasion, je vais réessayer. »

Jean-Pierre sourit et hocha la tête, stupéfait que son ami ait toujours la détermination et l'enthousiasme de risquer de se faire capturer de nouveau ou même tuer. Le sergent-major Beesley leur avait dit que leur devoir de soldats était de continuer à s'échapper et à lutter. Maurice, le soldat parfait, prit ce devoir au sérieux.

Sports au Stalag VIII avec soldats en arrière-plan. *Musée canadien de la guerre, 19740246-013, Archives photo T 1.10, Image no 6.*

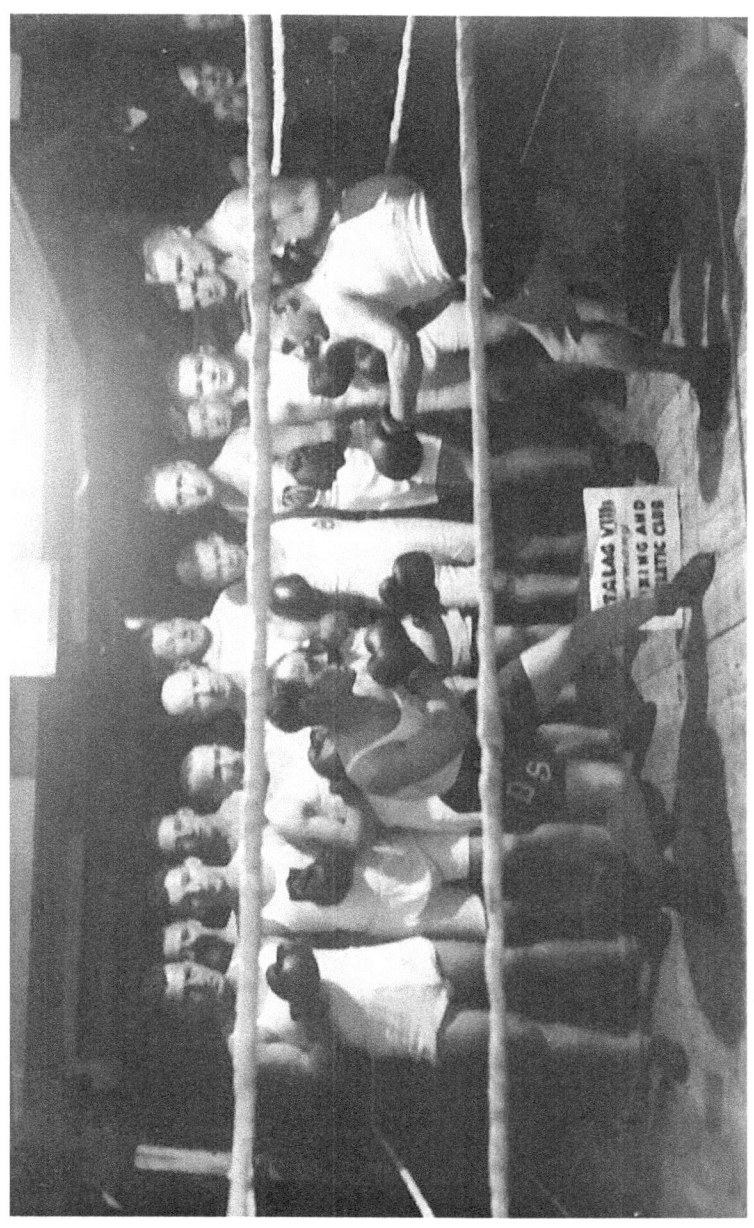

Match de boxe Stalag VIIIB. *Bibliothèque et Archives Canada, Collection de Thomas W. POW McLean, Archival no de référence R778-1-1-E, Fichier # 1 [29], e010797101-v8.*

Chapitre 27
Lamsdorf, Allemagne — Stalag 344
Au Revoir
Décembre 1943 à janvier 1944

À l'approche de leur deuxième Noël au Stalag 344, Jean-Pierre croyait que le cours de la guerre favorisait maintenant les Alliés. Des radiodiffusions de la BBC annonçaient la défaite cuisante des Allemands à Stalingrad, la capitulation des troupes de l'Axe en Afrique du Nord, le débarquement des Alliés en Sicile, et l'armistice de l'Italie avec les Alliés. Les avions alliés continuaient de bombarder les industries et les villes allemandes jour et nuit. *Ce ne sera pas long avant que nous soyons libérés,* pensa-t-il.

Juste avant Noël, il reçut une lettre de Mary avec une photo d'elle qui tenait son fils. Il fixa la photo et se mit à pleurer. Mary était si belle et il y avait son fils de 10 mois qui souriait, sans se préoccuper du reste du monde. Il voulait tellement être avec eux. Il regarda rapidement autour de lui pour voir si quelqu'un avait remarqué ses larmes tandis qu'il les essuyait. Après avoir embrassé la photo, il la mit dans la poche de poitrine de sa blouse près de son cœur.

La veille de Noël était pratiquement identique à la précédente. Leurs décorations faites maison ornaient encore une fois les casernes. Jean-Pierre assista à la messe avec d'autres Fusiliers, puis il retourna à sa caserne pour le Réveillon. Sur leurs poêles à soufflet de conception ingénieuse, les chefs désignés préparèrent les repas avec les provisions qu'ils avaient tous stockées. Jean-Pierre mangea des patates pilées avec du porc rôti en conserve et de la sauce. Pour dessert, il savoura un pudding fait de biscuits, de lait en poudre et de fruits séchés. Le jour de Noël, Jean-Pierre se joignit à un groupe de Fusiliers qui chantaient leurs chants de Noël préférés tandis qu'ils déambulaient dans l'enceinte. Plus tard ce jour-là tandis qu'il regardait des acteurs présenter un spectacle de Noël, il entendit une discussion près de là entre deux prisonniers.

« Tu veux entendre les dernières nouvelles? Nous partons après Noël. En janvier, ils nous envoient à un endroit appelé Stargard près de la mer Baltique. »

« Pourquoi ? »

« Comment veux-tu que je le sache? C'est probablement en raison de toutes nos tentatives d'évasion. »

En fait, les Allemands avaient décidé de transférer les prisonniers britanniques et canadiens vers d'autres camps de prisonniers pour compenser l'afflux continu de nouveaux prisonniers au Stalag 344 et aborder les problèmes de santé croissants. Les quantités inadéquates de charbon pour chauffer les casernes faisaient en sorte que les hommes cherchaient constamment d'autres matières combustibles. Les sièges en bois des latrines avaient depuis longtemps été utilisés comme bois de chauffage. Les demandes croissantes sur l'approvisionnement en eau du camp réduisaient la quantité déjà limitée offerte à chaque prisonnier pour boire et se laver. L'équipe de récupération des excréments ne réussissait pas à vider les latrines assez rapidement pour suivre le rythme de l'accumulation accrue d'eaux usées et d'excréments.

Évidemment, au début de la Nouvelle Année, les Allemands informèrent le sergent-major Beesley du transfert à venir des Canadiens au Stalag IID. Ils lui ont dit qu'il ne les accompagna pas. Étrangement, certains des hommes ne se sentirent pas bien à l'idée de quitter, s'étant habitués à l'endroit, à leur sergent-major, et à la routine du camp. Après plus 18 mois de captivité, Stalag 344 était devenu leur maison.

Le 26 janvier 1944, les prisonniers canadiens se mirent en rang sur le terrain de parade. Ils marchèrent en formation à travers l'enceinte vers les portes d'entrée. Dans leurs musettes, ils transportèrent les effets personnels qu'ils avaient recueillis au Stalag 344 : cigarettes, nourriture, vêtements de rechange et autres biens précieux. Jean-Pierre conservait les lettres de Mary dans la poche de sa tenue de combat, ne faisant pas confiance à sa musette déchiré pour garder ses chères paroles. En sortant du camp, Jean-Pierre regarda une dernière fois derrière. Il se souvint de son arrivée, le corps et l'esprit blessés, se demandant s'il allait survivre. Les 18 mois au Stalag l'avaient transformé en un survivant endurci et expérimenté.

Je suis encore un Fusilier et je serai toujours un Fusilier jusqu'à la fin de cette foutue guerre. Ils marchèrent sur Chestnut Alley, devant le cimetière, et le long de la route jusqu'à la gare de train où ils étaient arrivés le 3 septembre 1942. La file de wagons en bois les attendait. Ils commencèrent à embarquer, s'entassant à travers les petites ouvertures. Contrairement à leur dernière expérience, cette fois-ci, ils accueillirent avec joie la promiscuité de leurs corps qui leur offrait un peu de chaleur pour lutter contre le froid glacial. À l'intérieur du wagon, Jean-Pierre tapa des pieds pour enlever la neige collée à ses bottes. Tandis que les soldats allemands fermaient les portes, il ne ressentait pas le même sentiment de panique qu'il avait eu lors de leur premier voyage en train. *Le prochain putain de camp ne peut pas être pire que celui-ci. De plus, de la façon dont la guerre se déroule, nous ne serons pas ici pendant longtemps.*

Chapitre 28
Stargard, Allemagne — Stalag IID
Un Nouveau Chez-soi
Janvier 1944 à mai 1944

Le périple de 400 miles en partance du Stalag 344 dura trois jours. Le 29 janvier 1944, les Canadiens débarquèrent à la gare de train de Stargard, soulagés de laisser les wagons bondés derrière eux. Les prisonniers marchèrent de la gare de train sur des routes enneigées jusqu'au Stalag IID, à un mile de là. Des soldats allemands blessés, certain portant des vêtements déchirés, marchaient péniblement à côté d'eux dans la même direction.

« Nous avions probablement l'air de ça en marchant dans Dieppe », remarqua le Fusilier qui marchait à côté de Jean-Pierre tandis qu'il regardait le groupe de soldats allemands à l'air débouté.

Jean-Pierre appela l'un des gardes allemands qui escortaient les Canadiens. Sans s'arrêter, il donna une cigarette au garde. Le garde suivit le rythme de Jean-Pierre et ils conversèrent en allemand pendant plusieurs minutes. Ensuite le garde hocha la tête et s'en alla.

« Putain, comment as-tu appris l'allemand ? », demanda le Fusilier.

« Je l'ai appris pendant mes temps libres au cours de la dernière année et demie. » Il fit un signe de la tête en direction des Allemands blessés. « Ils arrivent du front russe. Ils ont été envoyés à Stargard pour être soignés à l'hôpital militaire. Le garde estime qu'il y a environ 30 000 blessés dans les casernes près de l'hôpital. Aussitôt qu'ils seront guéris, ils seront renvoyés au front. »

« Trente milles ? »

« Ouais. Il m'a dit que les Russes donnent toute une volée à l'armée allemande. Il croit que la guerre est perdue et il espère qu'il ne sera pas renvoyé au front. »

« Crisse ! Si les Allemands pensent que la guerre est terminée, alors nous devrions sortir d'ici en moins de deux. »

Cette pensée fit sourire Jean-Pierre.

Les Allemands prétendaient que le Stalag IID était un camp de prisonniers modèle. Construit au début de la guerre en 1940, il incluait des casernes modernes, un revier ou une infirmerie, et un grand hôpital médical près du camp. Il contenait seulement 18 000 prisonniers, mais il servait de zone de rassemblement pour les groupes de travail. Plus de 200 groupes de travail partaient du camp pour travailler dans les fermes et les industries de la région. De nombreux groupes de travail opéraient dans des endroits éloignés, et les prisonniers étaient cantonnés dans des casernes ou d'autres installations au lieu de travail. Dans la plupart des cas, cette situation améliorait les conditions de vie des prisonniers.

Le transfert des Canadiens vers le Stalag IID par les Allemands n'était pas un coup de chance. La Croix-Rouge internationale avait signalé l'excellent traitement des prisonniers allemands dans les camps au Canada, et les prisonniers allemands l'avaient aussi reconnu dans leurs lettres à la maison. Les autorités allemandes rendirent la pareille en transférant les Canadiens vers l'un de leurs meilleurs camps.

En franchissant les portes, Jean-Pierre compara son environnement avec son ancien chez soi. Des miradors surplombaient le camp et, une fois à l'intérieur, des clôtures de fil de barbelé entouraient le camp. *J'imagine qu'ils sont tous pareils,* pensa-t-il. *Sauf que celui-ci semble plus petit que le camp VIIIB et il n'y a pas de dobermans qui nous attendent pour nous accueillir.* Les gardes les escortèrent vers trois immeubles en pierre surbaissés gris dans une enceinte qui abritait d'autres casernes. Chaque caserne logeait 300 hommes. Dans la caserne, les rangées familières de couchettes en bois à trois étages attendaient Jean-Pierre, mais il remarqua une différence considérable dans la partie centrale de la caserne. Il compta 26 robinets d'eau pour se laver. *Les choses s'améliorent.* Après près de 18 mois de captivité, il connaissait la routine et fut bientôt à l'aise. Contrairement au camp précédent, les Canadiens partageaient leurs casernes et leurs enceintes avec différentes nationalités : Néo-Zélandais, Australiens, Anglais, Yougoslaves, Grecs et Français. Même si les Allemands n'avaient pas transféré le sergent-major Beesley au Stalag IID, un autre gradé, le sergent-major Liscombe de l'Essex Scottish, prit les hommes en charge.

Stalag IID, Stargard, Allemagne. *Auteur inconnu.*

Leur routine quotidienne était comparable à celle du Stalag 344, sauf pour la discipline plus relâchée. La plupart des gardes allemands étaient des vétérans du front russe et respectaient les prisonniers en tant que soldats.

« Je ne peux pas dire que j'aime être prisonnier, mais si j'avais le choix, je préférerais rester ici que dans tout autre camp jusqu'à la fin de la guerre », déclara un prisonnier canadien plusieurs semaines après leur arrivée. « Peux-tu croire ça? Nous prenons trois douches chaudes par semaine ! »

« Tu ne dirais pas ça si tu étais un prisonnier russe. Je ne comprends pas pourquoi les Allemands doivent être si durs avec eux », répliqua son partenaire de couchettes.

« Te souviens-tu quand les Allemands nous ont donné des exemplaires du livre Mein Kampf de Hitler au VIIIB ? »

« Ouais. J'ai découvert qu'il fallait deux pages pour s'essuyer le derrière et que les doigts ne passent pas à travers le papier. »

« Bien, j'ai commencé à lire chaque page avant de m'essuyer. »

« Foutrement instructif et efficace. »

« En réponse à ta question, je crois que la réponse est dans le livre. »

« Dis-moi. »

« Hitler voulait le territoire à l'est de l'Allemagne pour s'installer et alimenter l'accroissement de sa race maîtresse. Il considérait les habitants slaves comme étant des sous-hommes, seulement dignes d'être déportés en Sibérie ou de devenir des esclaves. Il planifiait de tous les anéantir. C'était l'idéologie qu'il prêchait dans son livre et qui est mise en pratique ici dans les camps. »

« Si les Russes prennent le dessus, il y aura de terribles règlements de compte. »

« Ça a déjà commencé sur le front russe. Nos gardes ont une peur maladive d'y être envoyés. »

« Comment sais-tu ça ? »

« J'ai oublié son nom, mais un Fusilier me l'a dit. Il parle allemand et parle régulièrement avec les gardes. »

Heureusement pour les hommes, le père John Foote faisait partie du contingent canadien envoyé au Stalag IID. Il ne perdit pas de temps à commencer ses services religieux œcuméniques chaque dimanche. En plus de répondre aux besoins spirituels des hommes, le père Foote aidait aussi à organiser différentes activités pour les faire penser à autre chose qu'à la futilité apparente de la situation.

Lors des mois d'hiver glaciaux, les prisonniers reçurent une surprise spéciale. La ville de Calgary envoya à leur bataillon de chars d'assaut du même nom un ensemble complet d'équipement de hockey. Les Allemands permirent aux prisonniers de bâtir une petite patinoire et regardèrent avec stupéfaction les Canadiens patiner sur la surface dure à la poursuite d'un petit disque en caoutchouc dur. Comme au Stalag 344, l'adaptation des Canadiens à la vie de prisonniers déroutait les gardes allemands.

Des pluies printanières hâtives firent disparaître la patinoire et la neige transforma l'enceinte en un marécage, jusqu'à ce qu'une semaine de beau temps et de vents sèche le gâchis. Les filets de volleyball remplacèrent les filets de hockey et une nouvelle saison de sports commença. Le grand terrain de sport du camp offrait assez d'espace pour que les hommes jouent au soccer, au baseball, au cricket et au rugby.

La Croix-Rouge fut finalement informée du changement de nom du Stalag VIIIB pour 344, mais la plupart des Canadiens avaient déjà été transférés au Stalag IID. Les Allemands donnèrent à la Croix-Rouge une liste des Canadiens déplacés et finalement, les colis de la Croix-Rouge, les cigarettes et le courrier des proches arrivèrent au Stalag IID. Le troc occupa encore une fois une bonne partie du temps des hommes.

Maurice acquit un appareil photo d'un garde allemand en retour d'un paquet de cigarettes. Pour faciliter les évasions, il photographiait les soldats pour leurs papiers d'identité. Le dentiste italien du camp, capturé par les Allemands après la capitulation de l'Italie, développait les photographies.

« Jean-Pierre », cria Maurice de l'autre côté de l'enceinte. « Je veux une photo de nous deux, afin de me rappeler à quoi ressemble le camp. »

« Où crois-tu que tu vas ? »

« Je t'ai dit que je ne traînerais pas ici à attendre que la guerre prenne fin. Il y a un groupe de travail qui part chaque matin pour déterrer des souches et des racines d'arbre pour faire du bois de chauffage. »

« Alors ? »

« Selon mes sources, la voie ferrée vers Stettin se trouve à proximité de l'endroit auquel le groupe de travail est affecté. Stettin est sur la mer Baltique, donc si je peux sauter dans un train de marchandises dans cette direction, tout ce dont j'ai besoin, c'est d'un bateau vers la Suède. »

« Merde, Maurice. Ne te souviens-tu pas de ce qui arrivé les dernières fois que tu as essayé de t'échapper ? »

« Tu ne peux pas me faire changer d'idée, Jean-Pierre. Je me porte volontaire pour ce foutu groupe de travail, puis je fais une réservation sur un bateau vers la Suède. Maintenant, viens ici afin que l'on prenne cette foutue photo. »

Le lendemain matin, Maurice partit avec le groupe de travail. Ils marchèrent en direction de Stargard et après 30 minutes, ils atteignirent leur destination. Un gâchis de souches pêle-mêle couvrait un grand champ aride. Un groupe de grands pins se trouvaient à proximité, pas encore touchés par les scies et les haches des travailleurs. Tandis qu'il peinait avec les autres prisonniers à extraire les racines d'arbre emmêlées et tordues du sol, il fit le point sur son environnement. Des voies ferrées longeaient le champ et disparaissaient derrière les pins. Les deux gardes affectés au groupe de travail bavardaient ensemble, ignorant complètement les prisonniers. Les trains passaient à des intervalles réguliers en direction de Stettin, tirant tous des wagons de marchandises. Maurice prit des notes mentales pour son plan d'évasion. Sales, en sueur et fatigués, les prisonniers arrêtèrent à la fin de l'après-midi lorsqu'un wagon tiré par des chevaux apparut. Ils chargèrent le travail de la journée sur le wagon, puis commencèrent à marcher en direction du camp. Les gardes escortèrent les prisonniers à la gare de train de Stargard et leur permirent d'utiliser les toilettes de la gare. Lorsque Maurice sortit des toilettes, il passa devant le bureau inoccupé du chef de gare. Il jeta un coup d'œil par-dessus son épaule. Ne voyant personne, il se précipita dans le bureau, ses yeux balayant rapidement la pièce. Une étampe reposait sur un tampon encreur sur le bureau. Il la mit rapidement dans sa poche, puis il rejoignit le groupe de travail assis sur le perron. Lorsqu'il retourna au camp, il approcha un membre du comité sur les évasions.

« Voici quelque chose qui pourrait t'être utile », dit-il, tenant la paume de sa main une étampe de voyage allemande officielle décorée de la croix gammée nazie. « En retour, j'ai besoin d'aide pour foutre le camp d'ici. »

Le membre du comité sur les évasions hocha la tête et fit signe à Maurice de le suivre à sa caserne. Ils se joignirent à un groupe de prisonniers assis à une table. La plupart d'entre eux avaient déjà rencontré Maurice lors de ses tentatives d'évasion antérieures.

« Quoi de neuf Maurice ? », demanda le chef du groupe.

« Je t'ai apporté un petit quelque chose. »

« Très bien », indiqua le chef en examinant les inscriptions de l'étampe. « J'imagine que tu aimerais recevoir quelque chose en échange ? »

« J'ai besoin d'aide pour sortir d'ici. »

« Bien alors, assieds-toi et dis-nous comment nous pouvons t'aider. »

La connaissance de l'allemand de Jean-Pierre le servait bien. Plusieurs gardes allemands du camp appréciaient le jeune Canadien français qui conversait avec eux dans leur propre langue. Jean-Pierre tirait le maximum de sa relation et échangeait des cigarettes contre la possibilité d'accompagner les gardes à l'occasion lors d'excursions d'une journée à Stargard.

« Je m'en vais en ville Maurice. As-tu besoin de quelque chose ? », narguait Jean-Pierre tandis qu'il se préparait à partir lors d'une de ses excursions.

« Oui. Rapporte-moi un hamburger et une pinte de bière, salopard. »

Jean-Pierre pouffa de rire et marcha jusqu'à la hutte des gardes. Il mit un paletot civil qu'il portait sur son uniforme et un fedora. Pour quelques cigarettes additionnelles, il reçut également de la monnaie polonaise émise par l'Allemagne.

Plus tard ce jour-là, lorsque Jean-Pierre retourna à l'enceinte, Maurice remarqua le regard préoccupé sur le visage de son ami.

« Qu'est-ce qui cloche Jean-Pierre? As-tu mangé trop de beignes ? »

« Je ne crois pas que je ferai l'excursion en ville de nouveau. »

« Pourquoi-pas ? »

« Je suis allé dans le café habituel et j'ai commandé un thé au cassis et un pączki. Je me suis assis à ma place habituelle pour regarder les gens aller et venir. Un officier allemand est entré, a acheté un thé et s'est assis à la table voisine de la mienne. »

« Était-il du camp ? »

« Je ne sais pas. Je ne l'ai pas reconnu. »

« Alors, qu'est-il arrivé ? »

« Il a sorti une cigarette et m'a demandé "As-tu du feu ?" Je lui ai dit que je n'en avais pas. »

« T'a-t-il parlé en polonais ou en allemand ? »

« Allemand bien sûr ! Puis il a dit, "C'est une belle journée de printemps". J'ai acquiescé puis j'ai dit quelque chose comme les bourgeons sont déjà sortis sur les arbres. »

« Merde. J'aimerais parler allemand comme toi. Et, qu'est-il arrivé ensuite ? »

« Il s'est levé et a dit : "J'ai confiance que tu seras capable de trouver ton chemin vers le camp", dans un français parfait. »

« Crisse ! »

« J'en ai parlé aux gardes sur le chemin du retour et ils m'ont dit que mes excursions à Stargard sont terminées. Ils craignent que leur prochain voyage soit sur le front russe. »

À la fin du printemps, Arthur s'inscrit pour travailler dans un sous-camp situé sur une ferme maraîchère. Les Allemands avaient établi 20 détachements de camp de travail dans toute l'Allemagne, exclusivement pour les Canadiens. Selon les commentaires de ses amis, Arthur savait que ces camps permettaient aux prisonniers d'avoir accès à de la nourriture et il était impatient de changer de décor.

« Un des gardes m'a dit que nous allons remplacer un groupe de prisonniers français sur une immense ferme maraîchère dirigée par un nazi allemand », indiqua un Fusilier assis à côté d'Arthur dans un camion de transport allemand.

« Génial. J'adore travailler pour les Nazis. Et toi ? », répondit Arthur sur un ton sarcastique.

Ils arrivèrent à une vaste ferme tard dans l'après-midi près de la ville de Leipzig. Deux grandes casernes en bois reposaient dans une petite enceinte clôturée qui surplombait la ferme et un petit village en contrebas. Les immeubles chaulés avaient désespérément besoin de réparation. Les hommes entrèrent dans les casernes, puis s'arrêtèrent brusquement.

« C'est pire que Verneuil », indiqua Arthur, dégouté.

« Je ne dors pas dans cette crasse », s'exclama un prisonnier avant de filer.

Le groupe de travail, comprenant environ 40 Canadiens, convint qu'ils seraient bien mieux dans leurs casernes au camp. Ils demandèrent aux gardes de les ramener. Un homme au regard austère et légèrement chauve s'approcha du groupe. Il portait une culotte d'équitation brune, des bottes en cuir brunes à la hauteur des genoux, et un blazer gris orné d'une broche du parti nazi sur son revers. Il boitait, une canne supportant son poids.

« Foutus Canadiens ! », s'exclama-t-il en allemand en entendant leur plainte par l'entremise du garde. Il leva sa canne pour frapper un prisonnier. Le Canadien arracha la canne de l'emprise du nazi et les autres prisonniers l'encerclèrent rapidement. Le garde calma les prisonniers, puis se tourna vers l'Allemand outré.

« Tu ne peux pas faire ça. Tu es un civil et ce sont des soldats. Si tu frappes un soldat, quelque chose de grave pourrait t'arriver. »

Le Nazi regarda le garde avec stupéfaction.

« Ces Canadiens sont des prisonniers très particuliers. Il est interdit de les toucher. »

Le propriétaire de la ferme se fraya un chemin à travers les Canadiens et fila vers la grande maison située au bout de l'allée. Il se rendit directement au téléphone et appela le commandant au Stalag IID.

« Ces Canadiens insolents refusent de travailler, car ils prétendent que leurs quartiers sont sales. J'exige que vous les remplaciez par des prisonniers moins exigeants et que vous les discipliniez sévèrement à leur retour. »

« Vous allez donner aux Canadiens du lait de chaux et de la paille fraîche », répondit le commandant, ignorant les plaintes du propriétaire. « Ils nettoieront les casernes et puis ils travailleront. Veuillez emmener mon sergent au téléphone. »

Les Canadiens reçurent des pelles, des balais, du lait de chaux, des brosses et des balles de paille. Ils passèrent le reste de la soirée à rafraîchir leurs nouveaux quartiers et à savourer leur victoire sur le nazi.

« Demain, je prends un train pour Stettin. Le comité sur les évasions m'a donné le nom d'un contact et j'ai 500 cigarettes pour payer ma traversée vers la Suède. En moins de temps qu'il le faut pour le dire, je serai en Angleterre. »

« Maurice, fais attention. Les Allemands à l'extérieur du Stalag IID pourraient ne pas être aussi indulgents que ceux à l'intérieur. »

« Ne t'en fais pas pour moi Jean-Pierre. Je t'enverrai une lettre d'Angleterre. »

Le lendemain, Maurice enfila des vêtements civils sous son uniforme et rejoignit le groupe de travail. Dans le champ, il travailla sur les souches près du groupe de pins qui bordaient les voies ferrées. Après en avoir enlevé deux et les avoir déposées dans une pile, il se dirigea vers des souches à proximité de la limite des arbres. Il attendit que les gardes lui tournent le dos, puis il se glissa derrière les arbres. Il retint son souffle et attendit que l'alarme sonne, mais il n'entendit que les pics et les pelles des travailleurs et la conversation des gardes. Il se fraya un chemin à travers les bois vers la voie ferrée et attendit. Il regarda sa montre. *Où est ce foutu train ?* Après s'être caché avec impatience pendant 15 minutes, un lent train de marchandises apparut. Il attendit que la locomotive passe, puis se précipita vers les rails. Il courut à côté d'un wagon dont la porte coulissante était ouverte. Il saisit la poignée de la porte et se lança les pieds devant dans l'ouverture. Le bas de son corps atterrit sur le plancher en bois poussiéreux du wagon en faisant un bruit sourd. Seule sa prise sur la poignée de la porte l'empêcha de tomber en arrière du wagon. Une main sur la poignée et l'autre tenant le bord de la porte, il se hissa dans le wagon. Épuisé, il se reposa sur le plancher pendant quelques minutes. Après avoir récupéré, il enleva tous ses vêtements, puis remit son uniforme, et les vêtements civils par-dessus celui-ci. Quarante minutes plus tard, le train ralentit à l'approche de Stettin.

```
                                    405-L-8707
                                    (Records C)


                                    1 March, 1944.


        Mr. Michel Laekas,
        1793 Beaudry,
        Montreal, Quebec.

        Dear Mr. Laekas:

                Please be advised that official
        information has been received through the Inter-
        national Red Cross Committee, Geneva, Switzerland,
        that Stalag 8B, Germany, is now known as Stalag
        No. 344.

                It is therefore necessary that all future
        letter mail and parcels be addressed accordingly.

                You are further advised that any labels
        received from National War Services will bear the
        new Camp number Stalag No. 344.

                                    Yours truly,


                                    (C.L. Laurin) Colonel,
                                    Director of Records,
                                    for Adjutant-General.

        ACR/EKG
```

Télégramme de l'Armée canadienne avisant le père de Jean-Pierre du changement de nom de Stalag VIIIB. *Collection privée.*

DEPARTMENT OF NATIONAL DEFENCE
ARMY

QUOTE NO. H.Q. 405-L-8207
(Records-C)

OTTAWA, CANADA.

F.T.

1 May 44

Mr. Michel Laekas,
1793 Beaudry,
Montreal, Quebec.

Re: D61894 L/Cpl. Jean Pierre LAEKAS,
Mont Royal Fusiliers (C.A.)

Dear Mr. Laekas:

    Please be advised that information has been received through the Canadian Red Cross Society, London, England, that your son, who was previously being held a Prisoner of War at Stalag 344 has now been transferred to Camp Stalag 2D, Germany.

    The Department of National War Services, who issue labels for next-of-kin parcels, have been notified of the above information for their necessary action.

    Please rest assured that any further information received in this connection will be sent to you without delay.

          Yours truly,

         (C.L. Laurin) Colonel,
          Director of Records,
          for Adjutant-General.

NJM/ATG

Télégramme de l'armée canadienne avisant le père de Jean-Pierre qu'il a été transféré au Stalag IID. *Collection privée.*

Stalag IID - terrain de soccer et tour de garde. *Musée canadien de la guerre, 19740246-013, Archives photo T 1.10, Image no 8.*

Stalag IID. Deux prisonniers de guerre, un civil, un officier allemand. *Bibliothèque et Archives Canada, no de référence R778, fichier no 1 [3] e011052365.*

Fusiliers Gérard Landry (à gauche), Jean-Pierre Laekas (au milieu) et Maurice Jolicoeur. Stalag IID. *Avec la permission de Maurice Jolicoeur.*

Stalag IID. Maurice Jolicoeur et Jean-Pierre Laekas. *Avec la permission de Maurice Jolicoeur.*

Chapitre 29
Stargard, Allemagne — Stalag IID
Espoir
Juin 1944 à octobre 1944

Le 6 juin 1944, un petit groupe de prisonniers se réunit autour de l'une des radios illicites du camp pour enregistrer la radiodiffusion prévue de la BBC.

« Ici Londres. Londres appelle les services locaux, étrangers et européens de la BBC et par l'entremise de la radio méditerranéenne des Nations Unies. Ici John Snagge qui parle. Le quartier général suprême du Corps expéditionnaire allié vient tout juste de diffuser le communiqué numéro un et dans quelques secondes je vais vous le lire. »

« Qu'est-ce que le Corps expéditionnaire allié ? », demanda un des hommes.

« Silence. Je veux entendre de quoi ça parle », s'exclama un autre soldat en approchant son oreille de la radio.

« Les forces navales alliées appuyées par des forces aériennes puissantes ont commencé à débarquer des armées alliées ce matin sur la côte nord de la France. » Après une pause, l'annonceur continua, « Je répéterai ce communiqué... »

« Crisse ! Ils ont envahi la France. »

La nouvelle se répandit comme un feu de brousse dans le camp.

« Que se passe-t-il? Pourquoi êtes-vous si contents ? », demanda un garde à un groupe de prisonniers.

« Tu n'as pas entendu la nouvelle? Les Alliés ont débarqué au nord de la France », annonça un prisonnier. « Nous serons à la maison d'ici Noël. »

Après plusieurs mois sur la ferme, Arthur se sentait détendu et à l'aise dans son nouvel environnement. Le propriétaire nazi de la ferme évitait les Canadiens, se rappelant sans aucun doute la menace de représailles claire du garde. Le directeur de la ferme, un type sympathique, affectait aux hommes leur travail et s'assurait qu'ils avaient assez de nourriture, d'eau et de repos pour effectuer leurs tâches. Les 40 Canadiens étaient fiers de leur travail et du rafraîchissement de leurs quartiers. Même s'ils étaient toujours prisonniers, ils avaient créé une ambiance conviviale, qui leur remontait le moral et leur donnait un sentiment de liberté.

Des deux immeubles récemment chaulés, le plus petit comprenait une cuisine dotée d'un vieil évier en émail, d'un poêle et d'une remise. Une petite hutte contenant les latrines se trouvait en aval du vent et à une distance respectable de leur lieu de repas. Même si le camp n'avait pas l'eau courante, les hommes pouvaient amener le wagon-réservoir tiré par des chevaux de la ferme au village et le remplir avec l'eau qu'ils pompaient dans le puits du village. Pour se laver, les hommes chauffaient l'eau dans une grande lessiveuse derrière les casernes. Ils travaillaient de 0700 à 2000 heures et ils avaient deux heures et demie pour leurs repas. Ils ne manquaient pas de nourriture. En plus des légumes abondants de la ferme, ils continuaient à recevoir des colis de la Croix-Rouge et des paquets contenant des cigarettes.

Arthur se lia d'amitié avec une jeune mère allemande qui travaillait dans les champs parmi les Canadiens. Grâce à ses connaissances limitées de l'allemand, il réussissait à converser avec elle. Après avoir reçu sa part d'un colis de la Croix-Rouge, il lui donna quelques barres de chocolat pour les enfants. Le lendemain, elle le retrouva pendant leur pause de repas.

« Mes enfants ont adoré le chocolat. J'ai hâte au jour où nous pourrons mettre cette guerre derrière nous et retourner à nos vies normales. La nuit dernière, l'annonceur radio a dit que les armées allemandes résistaient aux attaques des Alliés. Le seul espoir des armées vaincues est de retraiter de l'autre côté de la Manche. »

« Tu as une radio ? », laissa échapper Arthur, ne croyant pas ce qu'il avait entendu.

« Oui », répondit-elle étonnée de l'emballement soudain d'Arthur.

« Puis-je l'emprunter ? »

La femme hésita pendant un instant.

« Je vais te donner un paquet de cigarettes si tu me laisses l'avoir. Je promets que je vais te la retourner. »

Cette nuit dans les casernes, les hommes enthousiastes discutèrent de la radio.

« Je suis impatient d'entendre comment la guerre se déroule. Ça ne peut pas durer encore longtemps », indiqua un Fusilier.

Le lendemain après la tombée de la nuit, Arthur se faufila jusqu'à une vieille remise sur la ferme. La radio reposait dans un coin caché par des outils de la ferme. Il enroula la radio dans sa veste, puis retourna à pas de loup vers les casernes.

« Je l'ai », annonça Arthur avec cérémonie en entrant.

« Apporte-la ici et je vais la brancher. » À l'aide de fil électrique obtenu auprès d'un garde en échange de cigarettes, un Fusilier brancha la radio à la boîte de fusibles des casernes.

« Bien, nous sommes prêts », indiqua-t-il en reculant pour donner l'accès à Arthur.

La face de la boîte en bois polie et usée comptait deux boutons noirs des deux côtés d'un petit cadran couvert d'une vitre. Au-dessus du cadran se trouvait une ouverture ronde recouverte de tissu. Les hommes se réunirent autour d'Arthur tandis qu'il tournait le bouton noir pour allumer la radio. Un sifflement continu émergea du haut-parleur.

« Merde », dit un des hommes anxieux.

« Sois patient », répondit Arthur tandis qu'il tournait lentement le cadran. Une voix allemande remplaça la statique. Arthur tourna le cadran et trouva une autre station allemande.

« J'espère que je n'ai pas gaspillé ces cigarettes », indiqua leur électricien.

Arthur continua à tourner le bouton jusqu'à ce qu'il trouve une station de musique.

« Vous écoutez le BBC Dancing Club avec Victor Silvester et son orchestre de danse. »

Arthur attendit pour voir ce qui allait suivre, espérant un bulletin de nouvelles de la BBC. Une autre émission de musique commença. Les hommes marmonnèrent et Arthur tourna le cadran à une autre station. Un groupe jouait de la musique et un commentateur parlait, décrivant la scène à la salle de danse bondée, et les singeries des danseurs et des danseuses. Arthur tourna le cadran jusqu'à ce qu'il atteigne la fin, puis il balaya de nouveau les stations. Seule de la musique jouait sur les quelques chaînes anglaises.

« Ces idiots ne savent-ils pas qu'une guerre fait rage ? », cria l'électricien. « Écoutez-les. Ces salopards nous ont oubliés. »

Un prisonnier dévasté par les paroles de l'électricien commença à sangloter.

« Tabarnak Arthur. Éteins cette putain de radio et fais-la sortir d'ici. »

L'été passa sans nouvelles de Maurice. Jean-Pierre y vit le signe que son ami était finalement retourné en Angleterre. À l'approche de l'automne, les nouvelles positives de la guerre des radios du camp remontèrent le moral des Canadiens. Les Alliés avaient progressé en Allemagne. Le 21 octobre, Aix-la-Chapelle, révérée par Hitler comme le siège du Premier Reich de l'Allemagne, eut la distinction d'être la première ville allemande capturée. Les Allemands combattirent farouchement pour défendre leur précieuse ville, mais après une bataille de 20 jours, ils capitulèrent devant les forces américaines. Même si Jean-Pierre meublait ses temps libres avec des sports et des activités de traduction, la progression des Alliés le rendit impatient de voir sa captivité prendre fin et de retourner auprès de Mary. *Mon fils a presque deux ans déjà. Appelle-t-il quelqu'un d'autre papa ?* L'inconnu le tourmentait. Il lut et relut les lettres de Mary en espérant que ses paroles chasseraient d'une manière ou d'une autre ses doutes.

Chapitre 30
Stargard, Allemagne — Stalag IID
Le Troisième Noël en captivité
Novembre 1944 à décembre 1944

Jean-Pierre marcha rapidement dans l'enceinte. Le vent de novembre passait à travers son uniforme, laissant son corps transi. Déterminé à faire son exercice, il décida de faire un autre tour avant de retourner à la caserne. Tandis qu'il tournait le dernier coin, il remarqua un prisonnier sous escorte qui entrait dans l'enceinte. *Qui est-ce cette fois-ci ?* se demanda-t-il. Frissonnant, il accéléra son rythme.

« Crisse ! » Il s'arrêta soudainement. « Maurice? Que t'ont-ils fait ? », dit-il en regardant le teint cireux, les traits tirés et les vêtements qui pendaient librement sur le corps de son ami.

« Je suis correct Jean-Pierre. Ne t'en fais pas pour moi. Trouvons un coin tranquille et je vais tout te raconter. »

Ils entrèrent dans la caserne et s'assirent à une table libre.

« Alors, qu'est-il arrivé ? »

« J'y suis presque parvenu », soupira Maurice. « J'ai pris le train pour Stettin et j'ai débarqué avant qu'il n'atteigne le port. J'ai trouvé le port et mon contact. »

« Où ? »

« Dans un petit café près de la route principale. J'ai dit au gars que je m'étais échappé de IID et que je voulais aller en Suède. Il m'a dit que ça coûterait 1 000 cigarettes. Je lui ai dit que j'avais seulement les 500 que le comité m'avait données avant de partir. Je crois qu'il a eu pitié de moi, alors il a pris les cigarettes. »

Maurice fit une pause et regarda autour de la caserne. « Je ne m'attendais vraiment pas à revenir ici. »

« Maurice, la guerre tire à sa fin. Oublie ces foutues évasions. Alors, qu'est-il arrivé ? »

« Tôt le lendemain, il m'a emmené avec d'autres évadés du côté commercial du port. Nous sommes montés à bord d'un petit bateau de pêche usé par les intempéries. Nous nous sommes caché sous le pont du mieux que nous le pouvions. »

« Qui étaient les autres gars ? »

« Quatre gars du Stalag IIA, deux du XIA et un jeune pilote de chasse de la RAF du Luft IV. Nous sommes partis et nous étions probablement à 40 miles dans la mer Baltique lorsqu'un foutu bateau de patrouille allemand nous a arrêtés. Ils ont fouillé le bateau, nous ont trouvés et ont fusillé le pilote de la RAF quand il a commencé à crier qu'il ne retournerait pas en arrière. »

« L'ont-ils tué ? »

« Sûrement. Les balles ont fait tomber le gamin par-dessus bord et dans l'eau. Ils nous ont ramenés à Stettin pour nous questionner et je crois qu'ils ont découvert mes autres évasions. Ils n'étaient pas très contents de moi. Ils m'ont mis dans une mine de sel et m'y ont gardé pendant des mois. Je n'ai pas vu le soleil pendant tout ce temps. »

« Écoute-moi. Ne retente plus ces conneries. Il y a quelques semaines, un gars du Black Watch s'est fait tuer après avoir tenté de s'échapper d'ici. »

« Merde ! Quel était son nom ? »

« Gerald Johnston. Apparemment, ils l'ont fusillé, car il ne voulait pas lever les mains en l'air après sa capture. »

« Les bâtards. »

« Maurice, je te dis que tu es mieux de faire attention. »

Quelques semaines après le retour de Maurice, un grondement distant interrompit la marche de mi-journée des prisonniers.

« Regardez là-bas », indiqua Maurice qui pointait au loin.

Des centaines d'avions parsemaient le ciel.

« Ils attaquent Stettin », s'exclama Jean-Pierre.

La force des explosions des bombes fit trembler le sol et fit vibrer les casernes, fracassant des fenêtres. Même s'ils étaient ravis du spectacle des bombardiers alliés qui faisaient la guerre aux Allemands, les prisonniers s'abstinrent d'applaudir par crainte de représailles des gardes qui regardaient aussi la démonstration.

À l'approche d'un autre Noël, les hommes anxieux écoutaient les rapports enregistrés lors des radiodiffusions nocturnes de la BBC. Le sergent-major Liscombe suivait les armées alliées et russes qui avançaient sur des cartes d'évasion et calculait que les Russes étaient à moins de 600 miles de Stargard.

« Nous serons à la maison d'ici Noël », indiqua le prisonnier toujours optimiste.

« Cette fois-ci, tu ne seras pas trop loin de ta prédiction », indiqua son ami.

Le 17 décembre, les hommes écoutaient tandis que le reporteur de leurs casernes lisait ses notes.

« Hier, les Allemands ont lancé une offensive massive contre les forces américaines dans la région des Ardennes en Belgique. L'attaque incluait des barrages d'artillerie suivis de véhicules blindés et de milliers de soldats. »

« Que se passe-t-il, putain ? », demanda un prisonnier à l'arrière du groupe. « Je croyais que les connards étaient en fuite. »

« Selon Eisenhower, » continua le reporteur, « en lançant cette offensive, les Allemands ont raccourci la guerre pour nous. Ils sont sortis de leurs positions défensives préparées et même s'ils ont obtenu un certain succès au départ, ils ont ruiné leur chance de gagner. »

Comme prévu, la brève offensive de l'Allemagne faiblit et devint une retraite de combat, car elle céda graduellement l'ensemble de son territoire nouvellement acquis.

La veille de Noël après le chant de l'hymne, Jean-Pierre se joignit au sermon du père Foote. Les provisions alimentaires du camp s'amenuisant et l'anxiété des hommes augmentant quant à leur salut, le père demanda aux hommes de garder foi en eux-mêmes et en Dieu. Jean-Pierre écouta les paroles du père Foote et se remémora tout ce qui était arrivé. *J'avais rencontré une fille que j'aimais. Elle m'avait donné un fils. J'avais survécu au massacre sur la plage et continué de survivre en tant que prisonnier malgré les putains Boches.* Il avait foi en lui-même, mais il croyait plus que jamais que c'était Dieu qui avait guidé son destin et qui s'occupait constamment de lui. Il quitta le service revigoré par ces pensées. Plus tard dans la caserne, tandis qu'il célébrait le Réveillon avec ses amis et camarades fusiliers, il dit une prière en silence. *Mon Dieu, faites que mon troisième Noël en tant que prisonnier soit mon dernier.* Puis il tourna ses pensées vers Mary et son fils, tentant de visualiser leur matin de Noël à Brighton.

Chapitre 31
La Marche forcée — Allemagne
Janvier 1945 à avril 1945

La livraison de colis de la Croix-Rouge diminua considérablement tandis que les Alliés progressaient en Allemagne et que le bombardement des chemins de fer allemands se poursuivait sans relâche. Les Allemands faisaient face à une situation sombre. De l'ouest, les Alliés progressaient sur un front s'étendant de la mer du Nord à travers une partie des Pays-Bas, la majeure partie de la Belgique et toute la France jusqu'à la mer Méditerranée. Ils approchaient aussi du sud, ayant progressé jusqu'à la majeure partie de la botte italienne. De l'est, les Russes et leurs Alliés contrôlaient une ligne à travers l'Europe de l'Est de la mer Baltique à la mer Adriatique. À la mi-janvier, les troupes russes capturèrent Varsovie, située à seulement 300 miles de Stargard. Les rumeurs proliféraient dans l'ensemble du camp tandis que les prisonniers réfléchissaient à leur sort.

« Je doute que les Allemands vont rester ici et attendre les Russes », indiqua un prisonnier australien en mangeant sa maigre ration du souper.

« J'ai entendu certains gars dire que les Allemands pourraient planifier de retenir tous les prisonniers en otage pour négocier un marché avec les Alliés », dit un autre prisonnier.

« Otages ? », indiqua Jean-Pierre, le regard préoccupé. Il continua de manger sa tranche de pain noir. *Je ne serai pas un foutu otage pour les putains d'Allemands.*

« Ouais, mais ils doivent nous déplacer, car les Russes nous atteindront avant que nos gars arrivent ici. Les Russkofs attaqueront au quart de tour et je doute que le risque de tuer accidentellement des prisonniers, ce faisant, les arrêteront », répondit l'Australien.

Le lendemain matin, Jean-Pierre et Maurice se rencontrèrent dans l'enceinte pour leur routine d'exercice régulière. Un vent cinglant fouettait leur peau exposée, rendant la température de -10°C encore plus froide. Les rayons tièdes du soleil pâle les réchauffaient très peu. Leurs bottes écrasaient la neige tandis qu'ils parlaient des rumeurs qui couraient dans le camp.

« Penses-tu que les Allemands vont nous tenir en otage ? »

« C'est difficile à dire, mais Dieu soit loué nous ne sommes pas russes », répondit Maurice soufflant de l'air chaud dans le creux de ses mains. « Écoute ! » Il s'arrêta soudainement et dressa l'oreille.

« Quoi ? »

« N'entends-tu pas? Un bruit sec suivi d'un grondement. »

« Je n'entends rien. Depuis Dieppe, j'ai de la difficulté à entendre. »

« C'est de l'artillerie et c'est probablement russe. »

« Si c'est le cas, alors je soupçonne que nous découvrirons rapidement les plans des Allemands. »

Bientôt, des petits groupes de prisonniers emballés se tenaient à l'extérieur des casernes tapant des pieds et se serrant les mains pour avoir chaud. Ils spéculaient sur la source et la raison derrière le tir des canons. Le barrage continua pendant plus d'une heure, puis cessa abruptement. Le lendemain, de la même direction provint le faible son de tirs sporadiques de mitrailleuse et de fusil.

Le commandant allemand s'entretint avec ses supérieurs, puis informa ses officiers de se préparer à évacuer. Les rapports des massacres de civils et de soldats allemands tandis que les Russes grouillaient comme des sauterelles sur la Prusse orientale d'occupation allemande pesèrent fortement dans sa décision. Il doutait qu'ils seraient moins vindicatifs lorsqu'ils arriveraient au Stalag IID.

Le matin du 2 février 1945, le sergent-major Liscombe leur donna un compte rendu.

« Voilà, les gars. Nous partons. »

Les hommes applaudirent à tout rompre jusqu'à ce que le sergent-major leur fit signe de se taire.

« Nous partons vers l'ouest en direction d'un autre camp. Il n'est pas surprenant que nos gardes ne veuillent pas attendre les Russes. Ils ne veulent pas nous dire où nous allons, peut-être parce qu'ils ne le savent pas. Cependant, ils vont nous permettre de vider les magasins de provisions. Soyez prudent avec la nourriture parce qu'ils ne savent pas pendant combien de temps nous marcherons. »

« Crisse ! », jura un Fusilier. « Comment pensent-ils que nous allons marcher dans ce foutu blizzard ? »

« Soldat, le bon titre de politesse est Crisse, sergent-major. » Les hommes rirent de sa réprimande vive d'esprit.

« C'est sérieux et vos vies pourraient dépendre de ce que je vais vous dire, donc écoutez. »

L'humour de la situation disparut et les hommes se turent.

« Il s'agit de l'hiver le plus froid que nous avons vécu. Donc, ramassez ce que vous pouvez pour rester au chaud. » Il pointa vers les couvertures, les rideaux et les vêtements qui traînaient dans les casernes. « Je doute qu'il y ait assez de lieux d'hébergement sur la route pour tous nous héberger. Je ne sais pas non plus si les villageois seront accueillants. N'oubliez pas que notre force aérienne rase leurs maisons avec des foutues bombes, ce qui fait en sorte que leur situation est souvent pire que la nôtre. Restez ensemble et n'essayez pas de vous évader. Les Allemands nous ont dit qu'ils fusilleraient quiconque s'éloignerait de la colonne principale. Si les Allemands ne vous abattent pas, il y a toutes sortes de civils en rogne qui aimeraient bien mettre la main sur l'ennemi. »

Plusieurs hommes froncèrent les sources et regardèrent leurs amis, repensant possiblement à leurs chances de s'évader.

« Nous allons nous en sortir, mais ce sera difficile. Alors, restez ensemble, veillez sur vos amis, n'abandonnez pas, et priez beaucoup. »

En prévision d'un autre hiver froid au camp, Jean-Pierre avait acquis d'un garde allemand une paire de pantalons, des gants et un chandail en échange de cigarettes. Avant de quitter le camp, il mit les pantalons par-dessus son uniforme sans difficulté, car il avait perdu beaucoup de poids. Il mit une paire de bas de rechange sous sa chemise kaki pour les garder au chaud et au sec, mit le chandail par-dessus sa chemise, puis enfila sa tenue de combat. Il déchira une bande de sa couverture mince, l'enroula autour de ses oreilles et puis enfila une calotte de laine. Il mit ses gants, prit sa musette et marcha jusqu'à la porte des casernes. Il se tourna, jeta un dernier regard à son chez soi pendant la dernière année, et sortit dans le vent qui soufflait. Il rejoignit sa formation debout dans la neige au niveau des mollets sur le terrain de parade. Ils attendirent les instructions. En inhalant, il sentit le poil de ses narines se coller ensemble. Son souffle chaud s'élevait tel un voile devant son visage lorsqu'il expirait.

Les Allemands évacuèrent le camp, enceinte par enceinte, et dirent aux groupes d'emprunter différents chemins pour minimiser la congestion sur les routes. Pour transporter ce qu'ils ne pouvaient pas porter sur leur dos, les prisonniers utilisèrent des chariots, des wagons et des traîneaux fabriqués avec le bois de leurs couchettes. Les chariots tirés par des chevaux, et dans certains cas des prisonniers, transportaient les provisions des Allemands et les prisonniers incapables de marcher. Ne voulant pas s'enliser en tirant quoi que ce soit, Jean-Pierre décida de transporter tout ce qu'il pouvait sur son dos. Se traînant péniblement dans les amas de neige, il rejoignit la colonne de prisonniers dépenaillés de son enceinte. Ils marchèrent vers Stettin dans la température glaciale pendant des heures, se reposant très peu. À la tombée de la nuit, Maurice, dans une colonne distincte, distingua l'horizon de Stettin au loin. Il hocha la tête en se remémorant sa dernière tentative d'évasion.

Les Allemands établirent une routine de marche, de 15 à 20 miles chaque jour pendant trois jours suivis d'un jour de repos. Tandis que les hommes sentaient les effets du rythme de la marche, ils jetaient les articles lourds et superflus qu'ils avaient apportés du camp. Ils savaient qu'ils devaient suivre le rythme de leur colonne ou ils risquaient de se faire fusiller par les gardes ou de se débrouiller seuls dans la température hivernale glaciale.

Le soir, Jean-Pierre se joignait à d'autres hommes à la recherche d'un refuge. Parfois, une usine abandonnée les protégeait contre les intempéries. D'autres fois, l'église d'un village ouvrait ses portes aux hommes. Certaines nuits, ils trouvaient refuge dans des granges où ils dormaient dans des stalles d'animaux, dormant blottis l'un contre l'autre avec une mince couche de paille malodorante comme couverture. Cependant, ils passèrent de nombreuses longues nuits froides dans des champs, blottis l'un contre l'autre pour rester au chaud. Le matin suivant une nuit passée à l'extérieur, Jean-Pierre souffrait atrocement, car il peinait à utiliser ses muscles ankylosés par le froid.

Jean-Pierre eut tôt fait de réaliser que ce périple serait le test le plus rigoureux de tous depuis le jour fatidique sur la plage à Dieppe. La mauvaise température et la maladie avaient des répercussions sur les faibles. Les hommes tombaient sur le bas-côté trop épuisés ou trop malades pour continuer. Les malades avaient besoin d'une hospitalisation pour traiter le typhus, la pellagre, la pneumonie ou la diphtérie causés par ces conditions. Il n'y avait pas d'hôpitaux et leurs compagnons ne pouvaient leur prodiguer que les soins médicaux essentiels. Au début Jean-Pierre tentait d'aider ceux qui chancelaient, mais il réalisa rapidement qu'il ne pouvait pas faire grand-chose pour les sauver. Incapables de maintenir le rythme, ces hommes mourraient de la balle d'un Allemand ou d'une mort lente et solitaire dans la température hivernale rigoureuse. La marche devint un défi quotidien.

La taille de leur colonne grandissait lorsqu'ils rencontraient des civils allemands qui fuyaient les Russes, même si les gardes allemands s'assuraient que les civils restent à une certaine distance des prisonniers. Dans plusieurs villages, des villageois sympathiques donnaient de la nourriture aux prisonniers lorsque les hommes passaient devant eux. Les hommes chérissaient tout ce qu'ils recevaient : miches de pain, œufs frais, lait frais, eau. Dans d'autres villages, des citadins furieux longeaient la route pour lancer des roches ou cracher sur les hommes, les blâmant pour le malheur que la guerre leur avait causé à eux et à leur collectivité.

Le 12 février, un rapport reçu au quartier général de la Croix-Rouge internationale à Genève indiquait que les occupants du Stalag IID se déplaçaient vers l'ouest de l'autre côté de l'Oder. Le rapport énonçait que la formation incluait 1 112 Canadiens. Remarquablement, la Croix-Rouge finit par trouver les prisonniers et distribua les colis alimentaires providentiels. Même s'ils devaient partager le contenu avec plus d'hommes qu'à l'habitude, Jean-Pierre savourait chaque morceau qu'il recevait. Les colis de la Croix-Rouge ne fournirent qu'un soulagement temporaire à sa faim intense. Toujours en quête de nourriture, sur une ferme, il trouva la cachette de légumes-racine du fermier. Les prisonniers remplirent leurs poches et ce soir-là, ils savourèrent un bouillon chaud avec leur morceau de pain noir.

Après quelques semaines sur les routes de campagne, les gardes allemands emmenèrent la colonne à une autoroute divisée à deux voies pavée. Au loin, Jean-Pierre aperçut un cortège de chariots tirés par des chevaux qui se dirigeait dans leur direction.

« Qu'est-ce que c'est putain ? », demanda le prisonnier qui marchait à ses côtés.

« On dirait des soldats allemands. »

Tandis que les deux groupes se rapprochaient, Jean-Pierre réalisa que la force se déplaçant en wagon comprenait des garçons et des hommes plus vieux au regard sévère portant des uniformes allemands, certains avec des armes, d'autres non.

« Dans chaque wagon, il y a un Allemand qui semble être un soldat régulier. Je parie qu'il est là pour s'assurer que personne ne s'enfuit », observa le compagnon de Jean-Pierre.

« Les Allemands doivent être désespérés s'ils croient que ce groupe a une chance au combat », fit remarquer Jean-Pierre qui examinait les wagons qui passaient.

Ses provisions du camp étant épuisées, Jean-Pierre cherchait de la nourriture lorsqu'ils s'arrêtaient. Les rations de survie des Allemands ne parvenaient pas à maintenir sa force. Tout chien ou chat errant qui s'aventurait à proximité risquait de devenir le repas du soir. Lorsque les chevaux d'attelage faiblissaient en raison des charges lourdes, car ils souffraient aussi du manque de nourriture et d'eau, les Allemands les abattaient. Jean-Pierre savourait la viande de cheval pendant que cela durait.

Un jour, ils approchèrent d'un pont qui enjambait une large rivière.

« Où sommes-nous ? », demanda le prisonnier fatigué à côté de Jean-Pierre.

« J'ai entendu un garde dire qu'il s'agit de l'Elbe. »

« Merde. Le fleuve Elbe n'est-il pas près de la mer du Nord ? »

« Oui, mais il coule aussi directement dans le milieu de l'Allemagne. Je crois que les Allemands ne savent même pas où nous sommes. »

Tout à coup, les gardes commencèrent à crier et à faire des gestes pour que les prisonniers quittent la route. Jean-Pierre entendit le ronronnement des moteurs d'avion. Il leva les yeux. Un groupe de Spitfire britanniques passa dans le ciel et fit demi-tour, s'abattant sur la colonne.

« Merde ! Ils pensent que nous sommes allemands », cria Jean-Pierre.

Les prisonniers se mirent à l'abri aussi rapidement que leurs membres torturés le permettaient. Jean-Pierre sauta au-dessus d'un garde-fou et dégringola sur une berge. Il entendit un sifflet aigu tandis que les avions plongeaient vers la colonne d'hommes éparpillés. Le cliquetis de leurs fusils et les colonnes de terre qui explosaient réveillèrent de douloureux souvenirs. Soudainement, tout était silencieux, à l'exception des cris des blessés et des mourants. Peut-être parce qu'ils avaient réalisé leur erreur, les avions ne revinrent pas pour mitrailler la colonne de nouveau. À part quelques égratignures et coupures mineures, Jean-Pierre avait survécu à cette épreuve, mais 60 prisonniers moins chanceux étaient morts. Avec l'aide des Allemands, ils enterrèrent leurs camarades décédés dans des tombes de fortune le long de la route à l'aide de pots, de tasses et de leurs mains nues.

Arthur et les 39 autres prisonniers canadiens quittèrent la ferme tôt le matin du 1er janvier, un mois avant l'évacuation du Stalag IID. Ils bâtirent un traîneau et y mirent tous leurs effets personnels. Ils vidèrent la cuisine de leurs légumes de ferme, les plaçant dans leurs musettes. Avec de la neige à la hauteur des genoux, ils marchèrent pendant des jours sous escorte, tirant chacun leur tour le traîneau. Plus tard, d'autres colonnes de prisonniers des camps avoisinants les rejoignirent.

Après des mois à manger et à boire peu, Arthur peinait à faire face aux températures frigides. Il décida qu'il devait s'échapper pour survivre. Une nuit, tandis que les gardes dormaient chacun leur tour, Arthur et deux amis réussirent à s'éclipser sans se faire repérer dans les bois. Transportant seulement leurs musettes, ils se déplacèrent dans la forêt avant d'atteindre une route.

« Berlin se trouve à proximité à l'est », indiqua Arthur en lisant le panneau routier.

« Au moins, nous avons une bonne idée d'où nous sommes », indiqua l'un de ses compagnons de voyage.

« Ouais, mais nous ne voulons pas aller à Berlin. Traversons et continuons à avancer. »

Les trois hommes traversèrent l'autoroute de Berlin deux autres fois avant de trouver une ferme. Ils s'accroupirent dans les bois afin de repérer toute activité provenant de la maison ou de patrouilles allemandes. La ferme semblait abandonnée. Ils traversèrent rapidement le champ enneigé jusqu'à la grange.

« Va voir ce que tu peux trouver dans la maison tandis que j'attèle ces chevaux », indiqua l'ami d'Arthur.

« Sais-tu ce que tu fais ? »

« J'ai été élevé sur une ferme. Je peux faire ça les yeux fermés. »

Les deux hommes prirent le peu de nourriture qu'ils avaient pu trouver dans la maison. Lorsqu'ils retournèrent dans la grange, les chevaux étaient harnachés prêts à tirer le wagon.

« Allez. Embarquez avant que quelqu'un ne gâche tout ça. »

Ils voyageaient le long de routes de campagne pendant le jour et dormaient dans le chariot la nuit. Près d'un petit village, ils croisèrent une patrouille de soldats russes. Les Russes pointèrent leurs armes sur les hommes, mais ne tirèrent pas. Ils ordonnèrent aux trois prisonniers de descendre du chariot.

« Tovarich », indiqua Arthur en utilisant le mot russe pour camarade qu'il avait appris au Stalag IID.

Un officier russe s'approcha. Il tenait un grand pistolet noir dans sa main.

« Tovarich ? », questionna l'officier nonchalamment en pointant le pistolet d'abord vers lui puis vers Arthur.

« Da », répondit Arthur en hochant la tête avec enthousiasme tandis qu'il tendait le bras pour prendre son insigne nominatif à son cou.

Son mouvement soudain surprit les soldats russes qui pointèrent rapidement leurs armes vers Arthur. L'officier les calma, puis s'avança pour examiner l'insigne. La forte haleine de l'homme remplit les narines d'Arthur.

« Tovarich », dit l'officier en hochant la tête tandis qu'il montrait l'insigne à ses hommes.

Arthur relaxa et sourit tandis que le Russe lui serrait la main. L'officier remarqua la montre au poignet d'Arthur. Il arbora un large sourire, roula sa manche et afficha fièrement un éventail de montres.

« Allemands kaput », dit le Russe en souriant. Il toucha les montres et ensuite il glissa son doigt sur sa gorge pour illustrer le sort des propriétaires.

Un soldat russe interrompit leur échange. Il pointa vers la route. Un camion allemand rempli de soldats approchait. Un soldat allemand se tenait sur le marchepied en tenant la cabine d'une main. Dans son autre main, il agitait un drapeau blanc bien haut au-dessus de sa tête. L'officier russe aboya un ordre. Arthur sauta, surpris par le son des coups de feu tandis que les Russes criblaient le camion de balles. Lorsque les tirs prirent fin, les soldats russes achevèrent les survivants avec une seule balle dans la tête. L'officier examina la scène, toucha sa montre, pointa vers les corps inertes à côté du camion immobile et fit signe à Arthur de se joindre à lui.

L'attaque des avions britanniques sur la colonne laissa Jean-Pierre hébété. Cela lui prit toute sa volonté pour continuer. Il n'était pas en mesure de savoir depuis combien de temps ils marchaient, car les jours se fondaient les uns dans les autres. Il tentait de juger dans quelle direction ils se dirigeaient grâce au soleil. D'abord, ils se dirigèrent vers l'ouest, puis le sud, puis le nord, puis le sud encore. Il était trop faible et il avait trop froid pour s'en soucier. Il peinait à mettre un pied devant l'autre. Il resserra sa ceinture au dernier cran, mais ses pantalons glissaient quand même graduellement à ses hanches et ils auraient glissé jusqu'à ses genoux s'il ne les remontait pas à l'occasion. Ils trébuchaient tels des zombies à la démarche raide et sans émotion. Lorsqu'ils arrêtaient pour se reposer, il s'asseyait sur son sac à dos pour soulager la douleur lorsque les os de son derrière rencontraient le sol dur. Les semaines passèrent sans aucun signe de la Croix-Rouge et de ses colis providentiels. Leurs provisions étant épuisées, Jean-Pierre mangeait de l'herbe, des arbustes et des racines, pour calmer ses crampes d'estomac tenaillantes.

Son humeur s'améliora considérablement lorsque l'hiver prit fin et que les jours de printemps plus longs et radieux arrivèrent. Il sentait la chaleur du soleil sur son dos et il devint plus facile de marcher lorsque la neige disparut. *Je vais y arriver.* Son retour au pays apparut tel un mirage devant lui, lui donnant la force nécessaire. *Mary et Michael John m'attendront. Je les embrasserai tous les deux. Nous marcherons sur la promenade à Brighton. Le soleil brillera et une douce brise de mer soufflera à partir de l'eau. Je me trouverai un emploi et j'achèterai une petite maison près de la mer, dans un endroit tranquille. Mary restera à la maison et prendra soin de Michael John. Je serai en paix avec l'humanité et tout ira bien dans notre petit monde.*

Le 5 avril, les Allemands escortèrent la colonne de prisonniers faibles et affamés le long d'une route achalandée. Au loin à travers les arbres, Jean-Pierre aperçut des miradors qui se dressaient bien au-dessus d'une clôture de fil barbelé. *Aussi désespéré que je suis de rentrer au pays, en ce moment je me contenterais d'un autre foutu camp de prisonniers. Pourvu que je n'aie plus à marcher.*

Chapitre 32
Fallingbostel, Allemagne
Stalag XIB
Avril 1945

Après deux mois de marche sur près de 700 miles, Jean-Pierre et la colonne de prisonniers exténués arrivèrent au Stalag XIB situé à Fallingbostel, en Allemagne. Les détenus curieux des enceintes voisines regardèrent la file d'hommes décharnés se dirigeant péniblement vers le terrain de parade. Une fois regroupés et comptés, les Allemands emmenèrent les hommes au centre d'épouillage pour les débarrasser des poux qui infestaient leurs corps et leurs vêtements. Jean-Pierre n'avait pas enlevé ni lavé ses vêtements depuis son départ du Stalag IID le 2 février.

« Nous ne resterons pas ici bien longtemps », indiqua un prisonnier qui travaillait au centre d'épouillage.

« Que veux-tu dire ? », demanda Jean-Pierre.

« Un des gardes m'a dit que nous allons au nord de l'Elbe. »

À la cuisine du camp, Jean-Pierre reçut une petite portion de soupe d'herbe et de chou trop liquide avec une petite portion de pain noir fait de seigle, de betteraves à sucre, de feuilles et de sciure de bois. Il salua les maigres portions bien qu'elles ne soulagèrent pas sa faim. Après son repas, les Allemands dirigèrent les prisonniers vers des casernes désertées. Jean-Pierre ignora l'insalubrité à l'intérieur. Il se dirigea directement vers une couchette du bas libre, sachant qu'il n'avait pas la force pour grimper jusqu'aux couchettes supérieures. Il laissa tomber sa musette sur le sol, puis s'effondra sur le matelas de paille. Il était allongé incapable de bouger, son corps engourdi par les mois d'abus. Il n'aurait pas survécu beaucoup plus longtemps, son corps affaibli aurait tôt ou tard cédé à la faim, à la dysenterie ou à la pneumonie qui avaient emporté bon nombre de ses camarades. Il hocha la tête en tentant de bloquer les images de ses amis qui étaient tombés sur le bas-côté ou qui étaient morts pendant leur sommeil. *Je me fous de ce qu'ils me feront subir. Je ne participerai pas à une autre marche. Je quitterai ce camp en tant qu'homme libre ou j'y mourrai.* Exténué, il ferma les yeux et dormit profondément pour la première fois depuis des mois.

Le lendemain, il se joignit à d'autres nouveaux arrivants réunis sur le terrain de parade pour un briefing sur les conditions du camp.

« Il n'y a pas beaucoup de bonnes nouvelles », indiqua le sergent-major résident. « Les rations quotidiennes ont diminué à une miche de pain de planche pour dix d'entre vous. Vous recevrez une demie-pinte de soupe pour le faire passer, et j'utilise le terme soupe très librement pour décrire le mélange. Il n'y a pas d'eau courante. Les latrines sont pleines et elles ne sont pas vidées. Nous n'avons pas reçu de colis de la Croix-Rouge depuis je ne sais plus quand, et la réserve de colis du camp est depuis longtemps épuisée. » Il fit une pause pendant un moment, mais personne ne parla. Les hommes regardaient droit devant, ne croyant pas ce qu'ils avaient entendu.

« Il y a de bonnes nouvelles », indiqua le sergent-major. « Les Russes ont enjambé l'Oder, et les Britanniques et les Yankees se rapprochent de l'autre côté. J'espère qu'ils seront bientôt ici, mais on dirait que les Boches ne prévoient pas d'abandonner. Ils ont des chars d'assaut et des soldats retranchés à proximité sur la lande de Lunebourg. »

« J'espère que ces enculés se feront éclater en enfer », marmonna le prisonnier debout devant Jean-Pierre.

« Nous règlerons nos comptes avec ces bâtards plus tard », répondit le sergent-major. « Soyez prêt à vous abriter lorsque les bombardements commenceront. Laissez nos gars combattre. Ne faites rien de stupide ou de brave. Je ne veux pas enterrer aucun de vous ici. »

Après le briefing, Jean-Pierre retourna dans sa hutte. *Malgré l'insalubrité et la pénurie de nourriture au moins, la marche interminable a pris fin.* Il entendit quelqu'un appeler son nom, interrompant ses pensées. Il se tourna pour voir Maurice arborant un grand sourire sur son visage et déambulant vers lui. Les deux s'étreignirent et rirent, chacun soulagé de voir que l'autre avait survécu.

« Ils planifient de nous déplacer encore, quelque part au-delà du fleuve Elbe », indiqua Jean-Pierre.

« Quoi ? »

« Un Britannique qui travaille au centre d'épouillage me l'a dit. »

« Il ne peut pas rester beaucoup de territoire allemand qui n'est pas menacé par les Alliés et les Russes. »

« Peut-être que non, mais j'ai aussi entendu qu'ils ont escorté 12 000 Britanniques à l'extérieur du camp il y a quelques semaines. Personne ne sait où ils s'en allaient. »

« Crisse ! Quand nos gars arriveront-ils ici ? »

« Maurice, je te le dis maintenant. Je ne participerai pas à une autre marche. »

Bien avant l'arrivée de Jean-Pierre, les conditions jadis tolérables au Stalag XIB commencèrent à se détériorer en raison du surpeuplement constant. En février 1945, la Croix-Rouge internationale inspecta le camp et publia un rapport critiquant les conditions du camp. « *...et nous sommes extrêmement perturbés par les conditions épouvantables dans ce camp jadis excellent. Les dispositions sanitaires, le carburant, les couvertures, les installations de couchage, les installations médicales et le matériel y sont presque inexistants. Les conditions montrent une grossière indifférence envers les principes de la Convention de Genève...* »

Une semaine passa et Jean-Pierre commença à douter de ses chances de survie. Sa fringale s'aggravait, et le bruit des toux, sifflements, crachats et lamentations l'entouraient. Chaque matin, un wagon transportait les soldats décédés pendant la nuit au cimetière pour les enterrer. *Mon Dieu, ne me laissez pas aboutir dans ce foutu wagon.*

Jean-Pierre se réveilla en entendant le craquement bruyant des canons suivi des explosions des obus qui tombaient près de sa caserne. Les prisonniers se dispersèrent à la recherche d'un abri. Jean-Pierre trouva une tranchée et dégringola à côté d'un autre Fusilier.

« Voilà », hurla Jean-Pierre. « Ça doit être nos gars. » Une salve d'obus explosa à proximité envoyant de la terre et des gravats dans leur tranchée.

« Tabarnak », cria le Fusilier à côté de lui. « Nous allons mourir. »

S'il vous plaît mon Dieu, pas maintenant. Ne me laisse pas mourir, pria Jean-Pierre. *La guerre est presque terminée.* Il appuya son corps contre le sol humide et mit ses bras par-dessus sa tête pour tenter de bloquer les sons de la bataille.

Le bombardement sporadique se poursuivit toute la journée. Jean-Pierre resta accroupi dans la tranchée tandis que les combattants invisibles combattaient dans les collines vallonnées, les champs et les bois de la lande. Tandis que le soleil commençait à se coucher, le bombardement arrêta et un silence nerveux s'abattit sur le camp. Les hommes sortirent prudemment de leurs abris et se réunirent dans l'enceinte.

« Je me demande où ils sont », commenta un prisonnier Américain tandis qu'il regardait la route du camp.

« Ils sont probablement rentrés pour la nuit », blagua un Fusilier. « Si ce sont des Britanniques, ils se doivent de boire leur thé. »

Le 16 avril, deux chars de reconnaissance Chaffee des 8th Kings Royal Irish Hussars avancèrent bruyamment sur la route et s'arrêtèrent à l'extérieur des portes du camp.

« Mon Dieu », indiqua le conducteur du véhicule de tête. Des visages sales et squelettiques avec des yeux affaissés et des sourires fermement étirés regardaient à travers la clôture. « Ils sont aussi mal en point que les détenus à Bergen-Belsen. Qui sont-ils ? »

Réalisant que les chars d'assaut étaient britanniques, les prisonniers applaudirent à tout rompre. Les gardes allemandes reconnurent qu'ils n'avaient pas d'autre choix que d'ouvrir les portes. Les prisonniers entourèrent leurs libérateurs britanniques lorsqu'ils sont entrés dans le camp. Choqués à la vue des prisonniers affamés, les Hussars leur offrirent leur eau, leurs rations et leurs cigarettes. Maurice remarqua un de ses persécuteurs lors de la marche sans son fusil et il s'approcha de l'Allemand dans le but de lui rendre la brutalité qu'il lui avait infligée.

« Désolé, mon pote », indiqua un imposant équipier de char tandis qu'il retenait Maurice. « Même si je comprends et que j'aimerais voir les bâtards souffrir comme ils vous ont fait souffrir, j'ai des ordres afin de garantir qu'il n'y a pas de représailles. »

Quelques heures plus tard, d'autres soldats britanniques arrivèrent et apportèrent des rations, du pain et du vrai thé.

Des médecins et des infirmiers militaires soignèrent les hommes. Ils avertirent les prisonniers récemment libérés de manger de petites portions, car le fait d'ingérer trop de nourriture trop rapidement pouvait les tuer. À proximité, un officier britannique se leva sur une jeep et s'adressa aux milliers d'hommes dans l'enceinte.

« Messieurs, dès que des dispositions en matière de transport seront prises, vous serez emmenés dans un camp de transition en Belgique. De là, vous serez emmenés par avion en Angleterre. »

Les prisonniers applaudirent, rirent et certains pleurèrent sans pouvoir se contrôler.

« Ça prendra quelques jours, donc entre-temps, nous prendrons soin de vous ici au camp. Avec votre aide, nous remettrons les choses en ordre et vous rendrons aussi confortables que possible dans cet endroit paumé. Vous êtes libres d'aller et venir à votre guise, mais ne quittez pas cet endroit. Ne buvez pas l'eau des cours d'eau, car elle est polluée. Et tenez-vous loin de l'enceinte des Russes. C'est un incubateur à maladies. »

Maurice et quelques amis marchèrent jusqu'à un village voisin et retournèrent avec une vache qu'ils avaient volée à un fermier furieux, mais surpassé en nombre. Malgré l'avertissement sur le fait de manger trop de nourriture, Maurice et Jean-Pierre savourèrent le meilleur steak qu'ils n'avaient jamais mangé.

Dans la soirée, Jean-Pierre s'étira dans sa couchette, ses mains servant de coussin pour sa tête. *Est-ce un rêve ? Vais-je me réveiller et me retrouver encore prisonnier ? Mes années de supplice sont-elles vraiment terminées ?* Il savoura le moment, sourit et ferma les yeux. *Non, ce n'est pas un rêve. Je suis finalement libre. Je rentre à la maison auprès de Mary et de mon fils.*

Le lendemain de leur libération, un soldat britannique donna à Jean-Pierre un pain de savon, un rasoir, un miroir et un bol d'eau bouillante. Il trouva un endroit approprié dans la caserne et plaça le miroir sur un rebord de fenêtre.

« Crisse ! » Il resta sans bouger devant le miroir. Des yeux sombres et affaissés sur un visage tiré et émacié le fixaient. Il resta bouche bée en regardant son reflet. Un masque glauque remplaçait ses jeunes traits. Il toucha son front et glissa ses doigts le long de sa peau tendue et cireuse qui s'étirait sur ses pommettes. Des larmes se formèrent dans ses yeux. *Mary ne me reconnaîtra jamais. Je ne peux pas revenir avec cette apparence.* Il aspergea d'eau chaude son visage barbu et le frotta vigoureusement avec le savon dans l'espoir de retrouver l'apparence de l'homme qu'il était jadis. *Ces bâtards m'ont fait ça, mais je vais retrouver la forme. Je sais que je le peux.*

Il mit sur pied un régime simple pour revigorer son corps. Il mangeait de petites, mais fréquentes, portions d'aliments simples que son estomac tolérerait et il s'exerçait lentement dans l'enceinte jusqu'à ce qu'il ait besoin de repos.

Après près de trois semaines au Stalag XIB, Jean-Pierre se demandait si l'Armée canadienne les avait oubliés. Malgré les conditions épouvantables au camp, les libérateurs britanniques faisaient tout en leur pouvoir pour rendre les hommes confortables. Ils leur donnaient libre cours de quitter le camp, mais la plupart des survivants à la marche forcée, dont Jean-Pierre, pouvaient seulement marcher dans l'enceinte.

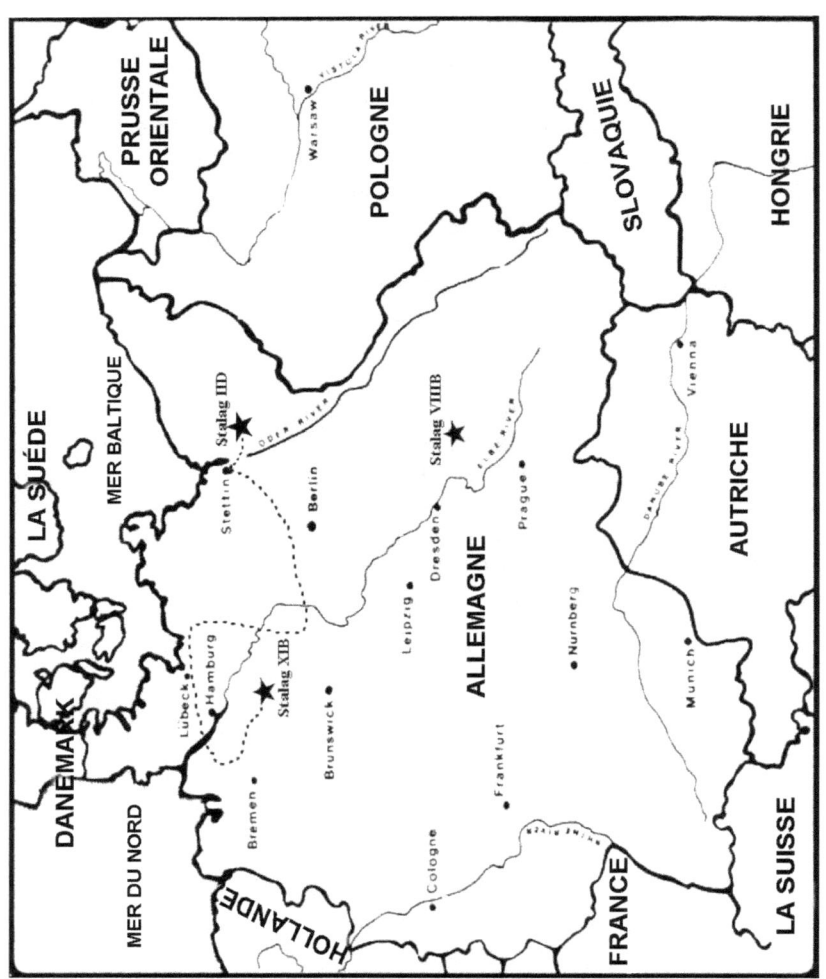
La route de la Marche forcée de Stalag IID à Stalag XIB. *Collection privée.*

Stalag XIB, Fallingbostel, en Allemagne.
http://www.fallingbostelmilitarymuseum.de/stalag/stalag.htm

Stalag XIB, Fallingbostel, en Allemagne.
http://www.fallingbostelmilitarymuseum.de/stalag/stalag.htm

Stalag XIB, Fallingbostel, en Allemagne.
http://www.fallingbostelmilitarymuseum.de/stalag/stalag.htm

Stalag XIB, Fallingbostel, en Allemagne.
http://www.fallingbostelmilitarymuseum.de/stalag/stalag.htm

Chapitre 33
Bruxelles, Belgique
Enfin libre
Avril 1945 à mai 1945

« Ils sont ici », cria un Fusilier en se précipitant dans la caserne.

Jean-Pierre courut à la porte. Un convoi de camions militaires britanniques couvert de toiles fauves entrait dans le camp et se stationnait côte à côte dans l'enceinte principale. Jean-Pierre était prêt. Il retourna à sa couchette et ramassa la musette qui contenait tous ses effets personnels. Sans attendre que son sergent-major ordonne aux hommes de se rassembler, il quitta la caserne et se dirigea vers les véhicules stationnés.

Les Britanniques transportèrent les Canadiens vers un aérodrome allemand capturé où une flotte d'avions vert olive les attendait.

« Terminus, messieurs », indiqua un officier qui s'approchait du camion de Jean-Pierre tandis que le hayon s'ouvrait brutalement. « C'est votre avion là-bas. »

Jean-Pierre regarda dans la direction que l'officier pointait. Le grand aéronef à deux moteurs reposait dans une position inclinée, son nez snobinard haut dans les airs et sa queue maintenue tout juste au-dessus du sol grâce à une petite roue. Sept fenêtres carrées au-dessus de l'aile s'étendaient de l'avant à l'arrière de l'avion jusqu'à une grande ouverture près de la queue. Un soldat debout dans l'ouverture leur fit signe d'avancer.

« Il a transporté de tout, allant des parachutistes au papier de toilette, et il vous emmènera à Bruxelles sans problème », continua l'officier qui tentait de rassurer les hommes.

Jean-Pierre se laissa tomber du camion et rejoignit la file menant à l'aéronef. *Ça ne peut pas être pire que le S.S. Antonia*, pensa-t-il. *Il y a une première fois pour chaque chose, pourvu que je foute le camp d'ici.* Lorsqu'il atteignit l'avion, il mit son pied sur le barreau inférieur de l'échelle rabattable en métal. Tandis que l'homme devant lui disparaissait dans l'avion, Jean-Pierre monta maladroitement sur le barreau supérieur. Le soldat debout dans l'entrée prit le bras de Jean-Pierre et le tira dans l'avion.

« Va vers l'avant. »

Jean-Pierre marcha entre les sièges en métal occupés longeant chaque côté du fuselage. Il s'assit sur le sol à côté d'un autre Fusilier. De l'avant de l'avion, un jeune soldat fit son apparition. Il portait un uniforme de la RAF et tenait une pipe entre ses dents tandis qu'il examinait la scène.

« Je veux que les mecs assis sur le plancher se dirigent vers l'arrière de l'avion. Ça nous aidera à décoller plus tôt et nous permettra de passer par-dessus les arbres juste à la fin de la piste. »

Jean-Pierre regarda la pilote, stupéfait.

« Ne t'inquiète pas mon pote », dit-il en voyant le regard préoccupé de Jean-Pierre. « J'ai fait ça des centaines de fois. Les probabilités sont en notre faveur. »

Après que les hommes se soient déplacés vers l'arrière, le pilote mit les deux pouces en l'air et retourna dans le cockpit.

« Je ne crois pas qu'il comprend la théorie de probabilité a priori », indiqua le Fusilier assis sur le plancher à côté de Jean-Pierre.

« De quoi parles-tu ? », demanda Jean-Pierre.

« Ses chances de réussite empirent, et ne s'améliorent pas, le plus souvent il le fait. »

« Crisse ! Ne me dis pas ça. Je n'ai pas survécu 32 mois comme prisonnier pour mourir dans un accident d'avion. »

Une plainte aiguë résonna à travers la cabine suivie d'un grondement tandis que l'un des moteurs prenait vie. Lorsque le moteur tourna rond, l'autre moteur démarra. Peu de temps après, l'avion se déplaça sur le sol dur, secouant les passagers assis sur le plancher en métal dur. Jean-Pierre glissa sa musette sous lui pour fournir un coussin à son coccyx. L'aéronef tourna sur la piste, puis s'arrêta brusquement.

« Voilà », indiqua le mathématicien.

Le son des moteurs augmenta jusqu'à ce que leur vrombissement enterre le papotage nerveux des hommes. L'aéronef bougea lentement tandis que les moteurs s'efforçaient de surmonter l'inertie de l'avion lourdement chargé. Jean-Pierre rentra ses épaules vers l'avant et baisse sa tête dans une position pour la protéger. Le mouvement de secousse de l'avion augmenta tandis qu'il avançait. Jean-Pierre ferma les yeux, visualisant la limite des grands arbres qui approchait. Soudainement, la constante vibration sous lui cessa. Il ressentit une sensation de montagne russe dans l'estomac. La force de l'accélération poussa les soldats assis sur le sol vers l'arrière dans les genoux des soldats assis derrière eux.

« Putain », marmonna Jean-Pierre. « Quelle façon de voyager. »

L'avion s'éleva dans les airs, évitant de peu la cime des arbres.

« Merde, il s'en est fallu de peu », indiqua un Fusilier assis sur un siège côté fenêtre.

Jean-Pierre tenta de se mettre à l'aise sur le plancher bondé. Il passa son bras droit autour du support de plancher du siège à côté de lui, puis s'appuya sur le siège. Il finit par s'endormir, bercé par le ronronnement continu des moteurs de l'avion. Il se réveilla plusieurs heures plus tard tandis que l'avion s'inclinait lors d'un virage serré.

« Je peux voir un aérodrome », hurla le Fusilier près de la fenêtre.

Jean-Pierre sentit l'avion se redresser. La sensation de montagne russe dans l'estomac revint pendant la descente de l'avion. Quelques minutes plus tard, les roues de l'avion heurtèrent le matage en acier recouvrant la piste gazonnée de l'aérodrome. Le pneu droit de l'aéronef éclata en raison de la force de l'impact. Les hommes sur le plancher jurèrent tandis qu'ils étaient propulsés dans le dos des hommes devant eux. L'avion parcourut une courte distance avant que la drague sur la roue droite n'écrase le train d'atterrissage. Le bout de l'aile droite s'enfonça dans le sol et propulsa l'avion dans une boucle violente. Jean-Pierre s'écrasa dans les sièges en métal à côté de lui. L'avion fit une dernière embardée avant de s'immobiliser. Un membre de l'équipage donna un coup de pied pour ouvrir la porte de soute et cria pour que les hommes sortent. Jean-Pierre se leva avec peine. Il se hâta vers la sortie ne sachant pas à quoi s'attendre et sauta sur le sol. Il s'éloigna de l'avion en frottant son épaule droite.

« Merci », dit-il en regardant vers le ciel.

Leur avion atterrit à Gosselies au sud de Bruxelles. Les Alliés utilisaient le petit aérodrome pour soutenir leur progression en Allemagne. Le matage en acier de la piste permettait aux avions militaires plus pesants d'atterrir sur le sol meuble en dessous. Malheureusement, un Fusilier assis sur le sol mourut pendant l'atterrissage. La force de l'impact le propulsa contre le fuselage, lui brisant le cou. Le décès tragique de leur camarade atténua l'exultation des Fusiliers.

« Quel était le foutu point qu'il survit à tout ce que nous avons vécu simplement pour mourir dans un stupide accident d'avion », demanda l'ami du Fusilier décédé, des larmes coulant sur ses joues.

« Son heure était venue, tout comme elle viendra pour nous tous », lui répondit son ami pour le réconforter.

« Non. Il ne méritait pas ça. » Il sanglota sans pouvoir se contrôler. « Il ne méritait pas de mourir. »

Pendant le trajet en camion vers Bruxelles, Jean-Pierre réfléchit au sort du Fusilier décédé et au sien. *Y a-t-il un moment prédéterminé pour chacun de nous ? Et si c'est le cas, le mien c'est quand ?* Deux heures plus tard, les camions arrivèrent à la Place Charles Rogier au centre-ville de Bruxelles. Jean-Pierre se sentait faible et légèrement nauséeux, n'ayant pas mangé depuis son départ de Fallingbostel. Les muscles de ses jambes et de son dos étaient ankylosés en raison des heures passées sur le banc en bois du camion. Il accepta l'aide de quelques soldats qui aidaient les Canadiens émaciés qui tentaient de descendre du camion. Une fois sur la terre ferme, il se tint sur le côté du camion jusqu'à ce qu'il regagne sa force. Il regarda autour. Il se tenait sur une grande place pavée ouverte entourée de grands édifices en pierre.

« Suivez la ligne, soldat », demanda un policier militaire pointant vers un grand édifice étroit coincé entre deux édifices plus petits.

« Comment m'avez-vous appelé ? », demanda Jean-Pierre.

« Soldat », répondit le policier d'un ton bourru. « Est-ce un problème ? »

« Non », dit-il en souriant. « On ne m'a pas appelé soldat depuis trois ans. » Il remonta sa musette sur son épaule. *Je suis toujours un Fusilier !*

Il fit la file et leva les yeux pour regarder l'édifice devant lui. Une grande enseigne fixée l'annonçait en tant que Cosmopolite. En dessous, une autre enseigne le proclamait THE MAPLE LEAF FOR CANADIANS. Sur une vaste terrasse au-dessus de l'entrée, le porte-étendard rouge canadien battait légèrement sur un mât.

« Nous restons dans un foutu hôtel », indiqua le Fusilier devant lui.

Jean-Pierre entra dans l'hôtel stupéfait par les fauteuils en cuir, les miroirs, les planchers de tapis et la boiserie qui l'accueillaient. *Une journée fait toute une différence !* Les soldats canadiens dans le hall interrompirent leurs conversations pour regarder la file d'hommes maigres dans leurs tenues de combat sales.

« Numéro d'identification », demanda le commis de l'Armée canadienne derrière le comptoir.

« 26652 », répondit Jean-Pierre. « Merde, que dis-je? Je suis D61894, Laekas, Jean-Pierre. Les Fusiliers Mont-Royal. »

« Suivez la file à votre gauche dans le hall jusqu'au barbier. »

Il attendit son tour jusqu'à ce que l'un des barbiers lui fasse signe de s'asseoir.

« Juste une coupe d'entretien. »

« Certainement monsieur », répondit le barbier en le couvrant d'un tablier. En moins d'une minute, toutes ses boucles emmêlées se trouvaient sur le plancher.

Après s'être joint à une autre file menant aux douches, il retira ses vêtements déchirés et ses bottes usées, les déposant dans un bac. Dans l'aire de lavage commune, il moussa son corps avec un savon et frotta sa tête chauve vigoureusement avec le bout de ses doigts, espérant se débarrasser de tous les parasites. Jean-Pierre s'attarda dans la douche, laissant l'eau chaude couler sur son visage et son corps. Il ramassa une serviette et sourit. *Je n'en ai pas vu des semblables depuis des années.* Il se sécha, puis fit la file avec d'autres soldats nus au centre d'épouillage.

« Ferme tes yeux et ta bouche, mets tes mains au-dessus de ta tête et bloque ton nez », indiqua un homme caché derrière un demi-masque respiratoire et des lunettes.

Dans ses mains gantées, il tenait une tige reliée par un tuyau à un grand baril.

Jean-Pierre obéit aux directives. Il entendit le compresseur démarrer et sentit le jet qui picote d'une substance, commençant à sa tête et descendant sur son corps.

« Tourne-toi. » L'épouilleur continua à vaporiser.

« D'accord, tu as terminé. Ne te lave pas pendant 24 heures. »

Jean-Pierre pouvait goûter la poudre amère sur ses lèvres. Il suivit la file vers la prochaine station. Un médecin de l'Armée canadienne effectua un examen physique superficiel.

« Comment te sens-tu? Des douleurs ? »

« Non docteur. »

« Monte sur le pèse-personne. Quel est ton poids normal, mon gars ? »

« Environ 175 livres docteur. »

« Tu pèses 105 livres maintenant. Ça va prendre beaucoup de temps avant de gagner ce que tu as perdu. Nous allons te faire manger des petites portions, car ton système ne sera pas capable de supporter trop de nourriture. »

« Oui docteur. Je comprends. C'est ce que le médecin m'a dit au XIB. »

« Un homme de bien. Bien alors, tu peux partir. »

À la dernière station, il reçut un nouvel uniforme, 800 francs et une carte de la ville émise par le Canada. Plus tard ce soir-là, Jean-Pierre relaxa dans la petite chambre d'hôtel qu'il partageait avec un autre soldat. Il regarda à travers la fenêtre et vit d'autres camions entrer dans la place éclairé en transportant des prisonniers fatigués et libres. Il hocha la tête. *Je ne peux pas croire qu'il y a seulement quelques heures c'était moi.* Il se sentit renaître. Il regarda dans le miroir et sourit à son reflet. Il était debout, le corps propre et portant un nouvel uniforme. *Il reste du chemin à faire, mais tu as mille fois meilleure mine que lors de notre dernière rencontre.*

« Arthur, où étais-tu putain ? », demanda un Fusilier dans le hall de l'hôtel.

« À la même place que toi, enlevant trois ans de saleté, de poux et de merde. » Il regarda son reflet dans le miroir du hall. Il aimait la sensation de son nouvel uniforme.

« Crisse Arthur ! Tu n'as pas terminé la marche avec nous après notre départ de la ferme. Nous te pensions mort. »

« C'est une longue histoire », dit-il en ajustant l'angle de sa casquette. « Prenons nos 800 francs, buvons une bière et je vous raconterai tout. »

« Vendu. »

Ils quittèrent l'hôtel et tournèrent sur la Rue des Croisades. Trois belles jeunes filles bien habillées les approchèrent.

« Bonjour soldats. Pouvons-nous vous faire passer du bon temps ? », demanda une fille aux yeux bruns foncés et aux cheveux bruns longs. Elle parlait anglais avec un fort accent français.

« Combien ? », demanda Arthur en français allant droit au but.

« Huit cents francs », répondit la fille sans hésiter. Elle sourit aux Canadiens, heureuse qu'ils parlent français. Elle humecta ses lèvres avec le bout de sa langue.

« Ah ! », railla Arthur en hochant la tête. « Les paysannes à l'extérieur de la clôture au Stalag VIIIB effectuaient un strip-tease pour le prix d'un pain de savon. » Il rit de sa riposte et se fraya un chemin à travers les femmes. Elles jurèrent après lui en français, puis tournèrent leur attention vers un groupe de soldats de l'autre côté de la rue.

Dans un bar en prenant plusieurs verres de bière, Arthur raconta à son compagnon son évasion de la marche forcée, l'autoroute, et sa rencontre avec les Russes.

« Nous avons voyagé avec les Russes pendant environ trois semaines. Certains soldats français se sont joints à nous, mais les Russes ont été clairs qu'ils n'aimaient pas les Français. Je ne sais pas pourquoi ils ne les aimaient pas, mais peu de temps après les Français sont partis de leur côté. »

« Mais vous ne dérangiez pas les Russkofs? »

« Non. Nous nous entendions à merveille. Ils nous ont emmenés dans une ville fourmillant de soldats russes et nous ont donné une chambre dans un hôtel. Nous nous sommes reposés pendant quelques jours et nous sommes partis. »

« Où êtes-vous allés ? »

« Les Russes nous ont indiqué la route vers une base américaine à proximité. Nous l'avons finalement trouvée.

Les Américains nous ont accueillis et nous ont donné à déjeuner. Je peux encore le voir », dit-il en fermant ses yeux. « Deux œufs frais, miroirs, du bacon, des rôtis et du vrai café. Sais-tu ça faisait combien de temps que j'avais bu un vrai foutu café ? »

Son ami hocha la tête à la question rhétorique d'Arthur.

« Dix-huit août, dix-neuf-cent-quarante-deux », s'exclama Arthur. « Après le déjeuner, un soldat américain nous a conduits au village le plus près. Nous avons trouvé une pâtisserie et nous avons pris des petits gâteaux et des tartes. Une femme est sortie de l'arrière-boutique et nous a crié de partir. Nous lui avons répondu en criant la bouche pleine et nous sommes partis. Le soldat nous a dit qu'il y avait une grande base aérienne américaine sur la route. Nous avons donc volé une motocyclette et nous sommes allés à l'aérodrome. Trois jours plus tard, ils nous ont emmenés par avion à Bruxelles. »

Jean-Pierre n'utilisa pas ses 800 francs belges et la carte de Bruxelles qui indiquait les différentes activités et attractions de la ville. Comme bien d'autres, il n'avait pas la force de parcourir le labyrinthe de rues et de ruelles de la ville. Il rencontra Maurice et ensemble ils passèrent le temps à lire, à faire de courtes promenades sur la Place Charles Rogier, et à parler de leur expérience.

Le 30 avril, Jean-Pierre retourna à l'hôtel après une courte promenade. Le hall bondé regorgeait de soldats qui applaudissaient.

« Le bâtard est mort ! « Le putain de bâtard est mort ! », hurla un soldat à côté de Jean-Pierre.

« Qui est mort ? »

Le soldat donna à Jean-Pierre un journal dont le gros titre en caractère gras annonçait le décès d'Adolf Hitler.

Le 10 mai 1945, Jean-Pierre monta à bord d'un B-24 Liberator en direction d'une base de la RAF en Angleterre. Pendant le vol, il pensa à la suite d'événements qui avaient entraîné sa capture à Dieppe. *Qu'aurai-je pu faire de différent ? Je ne reviens pas en tant que fier soldat qui s'est battu pour la bonne cause, mais en tant qu'ancien prisonnier qui s'est assis sur son cul pendant que d'autres combattaient et mouraient.* La honte qu'il avait ressentie lors de sa première capture s'empara lentement de lui. Il craignait de retourner à son régiment.

L'hôtel Cosmopolite, réquisitionné devient le centre de congé « feuille d'érable », Bruxelles, octobre 1944. *Lieut. Frank L. Dubervill/Bibliothèque et Archives Canada/Ministère de la Défense nationale/PA-116751/41785 / 1967-052 NPC.*

Chapitre 34
Angleterre
Mai 1945

À son arrivée en Angleterre, des camions militaires britanniques conduisirent Jean-Pierre et les autres prisonniers de guerre libérés jusqu'à la gare de train Euston aux abords de Londres. Ils avaient quelques heures à tuer avant d'embarquer dans un train de troupes jusqu'au camp d'Aldershot où un long processus de rapatriement les attendait. Les civils britanniques à la gare regardèrent les centaines d'hommes décharnés portant des uniformes de l'Armée canadienne. Une vieille dame s'approcha de Jean-Pierre et prit sa main.

« Merci », dit-elle et s'éloigna.

Le simple acte d'appréciation de la dame laissa Jean-Pierre perplexe. Il n'avait jamais considéré cette épreuve autrement que comme une aventure qui avait horriblement mal tourné.

« Que t'a-t-elle dit », demanda Maurice en rejoignant son ami.

« Elle m'a remercié. »

« Pour quoi ? »

« C'est exactement ce à quoi j'ai pensé. »

« T'ai-je parlé de ma randonnée en partance de Bruxelles ? », indiqua Maurice en changeant le sujet.

« Tu as volé jusqu'ici, comme le reste d'entre nous. »

« Non, pas comme le reste d'entre vous. Avant le vol, j'ai rencontré le pilote d'un des B-24. Je lui ai dit que mon frère pilote des transports dans la RAF. »

« Le connaissait-il ? »

« Il a dit que non. Je crois qu'il y a beaucoup de pilotes dans la RAF. Il a offert de me laisser voler à la place du navigateur libre. »

« Où est-ce que c'est ? »

« Directement à l'avant dans le nez », indiqua Maurice avec un large sourire. « Merde Jean-Pierre. J'avais une meilleure vue que le pilote. C'est du plastique transparent à l'avant, même le plancher. »

« Alors, comment était-ce ? »

« Incroyable. Au décollage, la vieille piste défilait sous moi. Pendant que nous étions dans les airs, je pouvais tout voir. »

« As-tu pris des photos ? »

« Putain non. Je n'avais pas mon appareil photo. C'était extraordinaire, mais l'atterrissage m'a fait foutrement peur. »

« Vraiment? Rien ne te fait peur, Maurice. »

« Imagine, perché dans une petite bulle en plastique voyageant à plus de 100 miles à l'heure tandis que les arbres, les maisons et les immeubles arrivent à toute allure vers toi. Merde, je suis presque tombé dans les pommes à l'atterrissage. » Il fit une pause et regarda autour de la station. « Toute cette discussion m'a donné soif. Il y a un pub là-bas. Allons boire un verre. »

« Tu y vas Maurice. Je ne crois pas que mon estomac pourrait le supporter. »

Jean-Pierre détendit sur un des bancs près de la voie ferrée. Il repensa à la femme qui l'avait remercié. *Qu'aurait-elle dit si elle avait su que je suis resté assis sur mon cul dans un camp de prisonniers pendant trois ans tandis que les autres combattaient ?*

« Un verre de Laphroaig, pur », indiqua Maurice lorsqu'il attira l'attention du barman.

L'homme acquiesça et prit une bouteille vert émeraude ornée d'une large étiquette blanche dans l'étagère derrière lui. Il versa une quantité généreuse du liquide or dans un verre et le mit sur le comptoir.

« Merci. » Il leva le verre, le siffla, puis le laissa tomber et en commanda un autre. Avant de s'en rendre compte, il embarquait dans le train soutenu par deux autres Fusiliers.

« Qu'est-il arrivé ? », demanda Maurice.

« Tu t'es évanoui », répondit l'un des hommes en riant. « Tu as descendu le scotch et ensuite le scotch t'a descendu. »

À la gare de train d'Aldershot, les hommes montèrent à bord de camions militaires canadiens qui les transportèrent au dépôt de réception canadien n° 1 situé dans le village voisin de Church Crookham. Jean-Pierre était soulagé de voir qu'ils n'allaient pas directement à la base des Fusiliers. Leur séjour au dépôt de réception fut bref, juste assez long pour que le commis transfère chaque nom de la liste des prisonniers à la liste d'admission de l'hôpital. Ils montèrent une fois de plus à bord de camions, cette fois-ci en direction de l'hôpital général canadien n° 4 situé juste en dehors d'Aldershot. Jean-Pierre rejoignit la file des admissions s'étendant dans le corridor jusqu'à la porte de sortie. Lorsque son tour vint, un commis enregistra son nom et l'envoya voir une infirmière assise à une table voisine. Par-dessus son uniforme bleu, l'infirmière portait un sarrau empesé blanc et sur sa tête, un chapeau blanc avec une traîne qui descendait sur ses épaules. Jean-Pierre n'avait jamais rien vu d'aussi propre et d'apparence aussi fraîche que le tablier de la jeune fille.

« Veuillez-vous asseoir », indiqua l'infirmière avec un chaleureux sourire et désignant la chaise à côté de la table.

« Êtes-vous une bonne sœur ? »

« Non, je suis une infirmière militaire. Nous sommes membres du Corps de santé royal canadien, mais nous sommes quand même appelées infirmières militaires. »

« Vous faites partie de l'Armée canadienne ? »

« Oui, maintenant j'aimerais que vous me parliez de toutes les courbatures et douleurs que vous avez avant que je vous envoie consulter le médecin. »

« Je me sens bien et je veux obtenir mon congé. »

« Bien alors. Plus tôt vous verrez le médecin, plus tôt vous sortirez d'ici. Nous allons vous préparer. » Elle nota quelque chose dans le registre, se leva et emmena Jean-Pierre dans une salle. Une paire de pyjamas pliée se trouvait sur le lit.

« Veuillez retirer vos vêtements et mettre le pyjama, et le médecin vous verra sous peu. »

Jean-Pierre s'était assoupi lorsqu'un médecin, transportant un porte-bloc dans ses mains, entra dans la salle. Surpris, il balança ses pieds par-dessus le côté du lit, prêt à être au garde-à-vous.

« Tu n'as pas besoin de te lever pour moi jeune homme, car je vais juste te demander de t'étendre afin que je puisse t'examiner. »

Il commença méthodiquement à toucher, à tâtonner, à regarder et à écouter le corps de Jean-Pierre, en lui posant occasionnellement des questions sur ses expériences de prisonnier. Une fois terminé, il inscrit quelques notes au dossier.

« Ce sera un long et lent processus avant que ton corps récupère entièrement de la malnutrition. Ce n'est pas quelque chose que nous pouvons précipiter. L'infirmière m'a dit que tu étais anxieux de partir. Tu obtiendras tôt ou tard ton congé, mais pas avant que je le dise. Est-ce clair ? », indiqua le médecin en maintenant un contact visuel avec Jean-Pierre.

« Oui docteur. »

Même s'il avait hâte de voir Mary et son fils, Jean-Pierre se résigna à rester à l'hôpital, partiellement parce qu'il savait que le médecin avait raison, mais aussi parce que cela retardait son retour inévitable à son régiment. Sa première semaine à l'hôpital inclut neuf petits repas par jour, de légers exercices et beaucoup de lecture. Ses cheveux foncés avaient repoussé depuis Bruxelles et il prit graduellement du poids. Le visage dans le miroir qui le regardait chaque matin lorsqu'il se rasait commençait à perdre son apparence fatiguée et tirée. Pendant sa convalescence, il passa de nombreuses heures à se demander s'il allait retourner à son régiment ou se rendre à Brighton pour voir Mary et son fils. Sa réception au régiment serait au mieux froide. Après tout, ils s'intéresseraient davantage aux activités des vrais soldats, pas à celles des spectateurs, qui comme lui, avaient regardé la guerre passer. Au moins à Brighton, les gens seraient heureux de le voir.

Le 22 mai, le caporal suppléant Laekas reçut son congé de l'hôpital. Au lieu de monter à bord du camion pour de retourner au régiment, il se rendit en auto-stop à la gare de train d'Aldershot et acheta un billet pour le trajet de trois heures vers Brighton. Tandis qu'il était assis en attendant le train, il pensa à la femme qui lui avait serré la main et l'avait remercié. *Est-ce que ça lui aurait importé si elle avait su qu'il avait passé la guerre en tant que prisonnier ?* Il se rappela de la dévastation qu'il avait vue pendant sa marche à travers l'Allemagne. *Sans le soutien des soldats canadiens, cette scène aurait bien pu se passer en Angleterre.* Ses pensées se tournèrent vers son retour à la maison. *Nous sommes seuls, j'embrasse Mary passionnément et je la tiens serrée. Puis je prends Michael John dans mes bras et nous marchons sur la promenade à*

Brighton, la douche brise de l'océan caressant nos visages.
L'arrivée bruyante d'un train interrompit ses pensées. Il se leva et ramassa sa musette.

Dix minutes plus tard, un taxi s'arrêta au bord du trottoir.
« Gardez la monnaie », indiqua Jean-Pierre en remettant à l'homme un billet d'une livre et il sortit du taxi.
Il redressa ses épaules et marcha d'un bon pas vers l'entrée du camp d'Aldershot, déterminé à affronter ses peurs. Un garde à la porte lui indiqua le chemin vers le quartier général et le bureau administratif des Fusiliers. Lorsqu'il atteignit l'immeuble, Jean-Pierre fit une pause, prit une grande respiration et entra. Il reconnut le sergent-major assis derrière le bureau situé au fond de la salle. Il retira sa casquette, fit trois pas jusqu'à l'avant du bureau, plaça sa musette sur le plancher et se mit au garde-à-vous.
« Caporal suppléant Laekas prenant son service, Sergent-major », indiqua Jean-Pierre avec une forte voix qui masquait ses émotions les plus intimes.
Le sergent-major leva les yeux de la paperasserie sur son bureau.
« Tu as réussi à trouver ton chemin jusqu'ici, n'est-ce pas ? »
« Oui Sergent-major. »
Le sergent-major hocha la tête, déposa le stylo et se leva de son siège. Il contourna le bureau et tendit sa main. Jean-Pierre la serra, incertain de la raison pour laquelle il voulait lui serrer la main.
« Bienvenue à la maison Fusilier », dit le sergent-major avec un large sourire. « Ton régiment est très fier de toi. »

La Fin

CANADIAN NATIONAL TELEGRAPHS

FILE H.Q. 405-L-8707

OTTAWA 12 MAY 1945

CASUALTY (REPORT DELIVERY)

TO:- MR MICHEL LAEKAS
1793 BEAUDRY
MONTREAL QUE

PLEASED TO INFORM YOU THAT D61894 LANCE CORPORAL JEAN PIERRE LAEKAS PREVIOUSLY REPORTED PRISONER OF WAR GERMANY NOW OFFICIALLY REPORTED SAFE IN UNITED KINGDOM TENTH MAY 1945 STOP ADDRESS MAIL LIBERATED PRISONER OF WAR CANADIAN ARMY OVERSEAS STOP WHEN FURTHER INFORMATION BECOMES AVAILABLE IT WILL BE FORWARDED AS SOON AS RECEIVED

PREPAID

DIRECTOR OF RECORDS

Télégramme de l'Armée canadienne au père de Jean-Pierre l'informant de la libération de son fils. *Collection privée.*

243

Épilogue

Arthur Fraser

Après son congé de l'hôpital en Angleterre, Arthur embarqua à bord d'un navire avec un important contingent de soldats canadiens à destination d'Halifax, en Nouvelle-Écosse. Pendant le voyage du retour, Arthur joua à un jeu de dés appelé *Crown and Anchor.* Il paya un soldat pour lui apporter sa nourriture et ses boissons, ne prenant une pause que pour aller à la salle de bain et faire un somme. Après cinq jours de pari, ses gains totalisaient plus de 700 livres sterling (plus de 2 500 $ en dollars canadiens). Pour contourner le règlement limitant les soldats canadiens à 100 livres sterling à leur entrée au Canada, Arthur embaucha six soldats pour que chacun d'eux apporte 100 livres à terre. Après la mise à quai du navire, la famille et les amis d'Arthur le saluèrent et l'appelèrent de derrière la clôture grillagée. Arthur leur répondit d'un salut de la main, puis tourna son attention vers les soldats qui quittaient les douanes et l'immigration, à la recherche des six hommes qui avaient son argent.

Arthur se maria et s'installa dans la région de Montréal. Il appuya l'Association des vétérans militaires de Dieppe jusqu'à son décès en avril 2012.

Maurice Jolicoeur

En 1945, Maurice quitta l'hôpital et planifia de visiter la famille Lyon à Glasgow. Un appel téléphonique de son frère changea ses plans. Son frère pilotait des avions de transport pour la Royal Air Force et demanda à Maurice s'il souhaitait voler avec lui jusqu'en Égypte. Son frère lui fournit une tenue d'équipage d'aéronef et ils volèrent jusqu'au Caire. Bien qu'il eut été mis en garde contre le fait de boire de la bière égyptienne froide dans la chaleur du jour, l'opérateur radio en avait bu et avait été hospitalisé. Le reste de l'équipage partit donc faire du tourisme pendant qu'il récupérait. Maurice se rendit à dos de chameau aux pyramides de Gizeh, près du lieu de sépulture des pharaons Khufu, Khafre, et Menkaure Il mena aussi le groupe lors de l'escalade de l'une des pyramides. Lorsqu'il atteignit le sommet, il marqua sa conquête en urinant à partir du sommet. Son frère et lui gravèrent leurs noms dans l'ancien calcaire avant leur descente. Quelques jours après, leur opérateur radio récupéra et ils retournèrent en Angleterre. Lorsque Maurice retourna à son régiment, il reçut une réprimande en raison de son absence sans congé et il fut rétrogradé.

Maurice retourna au Canada, maria sa petite amie de Saint-Lambert Pierrette Pelletier, et ensuite ils élevèrent une grande famille aimante. Maurice continue de partager ses expériences de guerre avec les jeunes Canadiens français. J'ai maintenu l'amitié avec Maurice et Pierrette qui s'est développée pendant mes entrevues pour cette histoire. Lorsque je les visite, Maurice prépare notre repas tandis que Pierrette et moi écoutons attentivement le récit palpitant de ses incroyables aventures de guerre.

Jean-Pierre Laekas

Le 13 septembre 1945, Jean-Pierre maria Mary Doreen Baker au bureau du registraire à Brighton. Jean-Pierre retourna à Montréal pour obtenir sa libération des Fusiliers Mont-Royal le 14 novembre 1945. Il retourna en Angleterre et vécut dans une merveilleuse petite maison près la mer avec sa femme Mary et son fils Michael John. Mary donna naissance à Annabelle en 1946 et à Adrian en 1948. Trois mois plus tard, Jean-Pierre retourna au Canada avec Mary et leur jeune famille. Ils ont été bénis de trois autres enfants, Peter en 1949, et les jumelles Stephanie et Beverly en 1952. Malgré quelques années financières difficiles lors desquelles il peinait à subvenir aux besoins de sa famille, il trouva les moyens de continuer, tout comme il l'avait fait en tant que prisonnier de guerre. Jean-Pierre devint un homme d'affaires prospère, reconnu pour ses compétences en marketing. Il a été un sportif passionné, ainsi qu'un mari et un père dévoué. Il eut une vie sociale active et chantait dans la chorale de l'église. Il donnait sans penser à lui aux gens dans le besoin et il était membre de l'Association des vétérans militaires de Dieppe. Quelques années plus tard, sa santé commença à décliner lorsqu'il développa la maladie de Parkinson et les souvenirs de ses expériences de guerre revinrent le hanter.

Jean-Pierre Laekas mourut le 4 mars 2002. Sa Mary bien-aimée le rejoignit le 9 septembre 2011. Ils partagent une pierre tombale commune au Champ d'honneur national du Fonds du souvenir à Beaconsfield, au Québec.

Remerciements

Je dois des remerciements sincères aux personnes et aux institutions suivantes qui m'ont fourni de l'information et du matériel pour cette histoire.

Arthur Fraser, Maurice Jolicoeur, et mon père, Jean-Pierre Laekas, trois anciens combattants du raid sur Dieppe, en France.

M. Caillet, son fils Alain, et Mme Inge Becq du musée du Mémorial du 19 août 1942 à Dieppe, en France.

Anna Wickiewicz du Musée central des prisonniers de guerre à Lambinowice, en Pologne (emplacement du Stalag VIIIB).

Piotr Stanek du Musée central des prisonniers de guerre à Opole, en Pologne.

Piotr Tarnawski du Musée Stargard situé à Stargard, en Pologne.

Le curateur Kevin Greenhalgh du Musée Stalag XIB situé à Bad Fallingbostel, en Allemagne.

Les bibliothécaires et les archivistes de la Bibliothèque et Archives Canada, Ottawa, Canada; le Musée canadien de la guerre, Ottawa, Canada; Bibliothèque du Selfoss, Selfoss, Islande; Bibliothèque du Gourock, Gourock, Ecosse; Bibliothèque Mitchell, Glasgow, Ecosse; Bibliothèque du Collège Lancing, Lancing, Angleterre; le Musée Militaire Aldershot, Aldershot, Angleterre; le Musée Royale, Bruxelles, Belgique; les Archives Royale, Bruxelles, Belgique.

Patrick Delage et Frédéric Poulin de la compagnie Les Communications MotMentum pour leur traduction en français de ce livre.

Finalement, je dois des remerciements à mon épouse Johanne. Elle a contribué infiniment en réalisant ce livre avec son encouragement, appuis, expertise et passion.

Bibliographie

Avant d'écrire cette histoire, j'ai lu différentes publications sur le raid de Dieppe pour mieux apprécier les aspects militaires et politiques avant, pendant et après l'Opération Jubilee.

Calin, Harold. <u>Dieppe</u>. New York: Tower Publications, Inc., 1978.

Dancocks, Daniel G. <u>In Enemy Hands</u>. Edmonton: Hurtig Publishers Ltd., 1983.

DeFelice, Jim. <u>Ranger at Dieppe</u>. New York: Penguin Group, 2008.

Ford, Ken. <u>Dieppe 1942 Prelude to D-Day</u>. Oxford: Osprey Publishing Ltd., 2003.

Juteau, Paul. <u>Unpublished Manuscript No 30</u>. 1995.

Maguire, Eric. <u>Dieppe August 19</u>. London: Transworld Publishers Ltd., 1963.

Mellor, John. <u>Forgotten Heroes</u>. Agincourt: Methuen Publications, 1975.

Mordal, Jacques. <u>Dieppe – The Dawn of Decision</u>. London: New English Library Limited, 1981.

Neillands, Robin. <u>The Dieppe Raid</u>. London: Aurum Press Limited, 2006.

Robertson, Terrance. <u>Dieppe: The Shame and The Glory</u>. London: Hutchinson & Co. Ltd., 1965.

Vennat, Pierre. <u>Les Fusiliers Mont-Royal</u>. site Internet en ligne.

Villa, Brian Loring. Unauthorized Action. Don Mills: Oxford University Press, 1990.

Whitaker, brigadier-général Denis et Shelagh Whitaker. Dieppe – Tragedy to Triumph. Whitby: McGraw-Hill Ryerson Limited, 1992.

_____. Cent ans d'histoire d'un Régiment canadien-français Les Fusiliers Mont-Royal 1869-1969. Montréal : Éditions du jour Inc., 1971.

L'Auteur

Michael John Laekas est né le 5 février 1943 à Brighton, en Angleterre. Il a trois filles, Kimberley, Alison, Melanie, et quatre petits-enfants, Magdalena, Jacob, Isabella, et Joshua. Il habite actuellement avec sa femme Johanne à Saint-Bruno-de-Montarville, Québec, Canada.

Couverture avant
Jean-Pierre Laekas, prisonnier de guerre n° 26652, au Stalag IID à Stargard, en Pologne, 1944.

Couverture arrière
Insigne des Fusiliers Mont-Royal

La couronne représente le service au Souverain. La grenade fait allusion au rôle original des Fusiliers, qui étaient des soldats expressément équipés pour escorter les trains de l'artillerie.
« FMR » est l'abréviation du titre régimentaire et « NUNQUAM RETRORSUM » est la devise du régiment, qui signifie Ne jamais battre en retraite.

www.ingramcontent.com/pod-product-compliance
Lightning Source LLC
Chambersburg PA
CBHW061428040426
42450CB00007B/947